DAVID CASTAÑEDA

PROYECTANDO
LA VIDA CELESTIAL

La forma para compensar la inexperiencia juvenil en el
establecimiento del Reino de Dios

Proyectando la vida celestial

David Castañeda

Índice

Introducción

Hay una guerra en el mundo espiritual para tomar posesión de la juventud, y las fuerzas del mal harán todo lo posible para que la juventud no sea alumbrada por la Gloria divina pues el enemigo de Dios sabe que si esto sucede sufrirá grandes pérdidas.

Actualmente, la juventud (hablando de forma general) ha recibido multiformes ataques, incluso la juventud evangélica ha sido tomada en poco, no confían en ella, se ve como sinónimo de irresponsabilidad, juego, o incluso se les mira como aquellos emocionalistas, etc... y hemos visto una generación juvenil que no ha podido despegar del todo para subir a una vida en lugares celestiales con Cristo y manifestar en la tierra lo celestial.

Es necesario que a través de la palabra de Dios, que es luz resplandeciente en las tinieblas, alumbremos aquello que este impidiendo que el Reino de Dios se establezca en la juventud.

Es tiempo de despertar y enfilarnos en el ejército de Dios buscando el establecimiento de su Reino sobre la tierra.

Necesitamos ser ejemplo a los creyentes para no ser tenidos en poco, y comenzar a proyectar una vida celestial genuina, esto va más allá de solo decir que somos cristianos y actuar como nosotros queramos, "debemos ser el modelo de los ciudadanos del cielo en la tierra".

El apóstol Pablo no permitió que Timoteo fuera tenido en poco en la obra de Dios, la forma para que no menospreciaran la juventud de Timoteo fue obedeciendo la orden del apóstol Pablo que decía: "Ninguno tenga en poco tu juventud, sino se ejemplo en..." inmediatamente después de esta orden le dice como vivir para que no lo menosprecien.

Pablo nos muestra como compensar la falta de edad; es decir, la inexperiencia, llevando una vida de ejemplo. Recalco, el propósito de esto es el establecimiento del Reino de Dios.

Aunque escribí este libro pensando en la juventud, creo firmemente que revolucionará la vida de todos aquellos creyentes llenos del profundo anhelo de proyectar la vida interior dada por nuestro Señor Jesús quien vive en nuestro corazón.

Como creyentes debemos expresar la maravillosa vida del cielo, toda persona al conocernos o simplemente al tener un contacto con nosotros debe percibir la vida celestial que experimentamos, éste es un llamado a proyectar la gloria del Reino de Dios en todo lugar donde nos desenvolvamos para que el nombre del Señor sea engrandecido.

Capítulo 1
El espíritu de Goliat

El Rey David sin duda marcó un modelo para la juventud, él ha sido ejemplo para muchos creyentes a través de toda la historia y en este momento quiero reavivar una de sus grandes victorias que para muchos es bien conocida, me refiero a la batalla contra el gigante Goliat. Hay mucho que aprender de este gran duelo pero solo me enfocaré y resaltaré los principios que considero necesarios como cimientos, para que se comience a construir en ti la verdad depositada en las páginas de este libro.

David expresaba una vida celestial.

"David respondió a Saúl: Tu siervo era pastor de las ovejas de su padre; y cuando venía un león, o un oso, y tomaba algún cordero de la manada, salía yo tras él, y lo hería, y lo libraba de su boca; y si se levantaba contra mí, yo le echaba mano de la quijada, y lo hería y lo mataba.

Fuese león, fuese oso, tu siervo lo mataba; y este filisteo incircunciso será como uno de ellos, porque ha provocado al ejército del Dios viviente.
Añadió David: Jehová, que me ha librado de las garras del león y de las garras del oso, él también me librará de la mano de este filisteo. Y dijo Saúl a David: Ve, y Jehová esté contigo." 1Samuel 17:34-37

En estos versos observamos claramente el carácter de David y la confianza que tenía en Dios, él era un joven de unos 17 años, pero su estilo de vida compensó su falta de edad a tal grado que el Rey Saúl estuvo dispuesto a poner la batalla en sus manos; y si puso la batalla en sus manos también puso el Reino en sus manos. Lo que él expresaba en su vida no solamente lo subió al nivel de una persona madura, sino que lo subió al nivel de Guerrero y Rey. Qué tremenda es la gloria preparada por Dios para la juventud si ésta busca a Dios con la actitud correcta, tiene el carácter correcto y expresa una vida celestial, es decir una vida que no pertenece a este mundo sino al cielo.

El Espíritu de Goliat

*"Y cuando el filisteo miró y vio a David, **le tuvo en poco; porque era muchacho**, y rubio, y de hermoso parecer."*
1Samuel 17:42

Aquí vemos notoriamente la existencia del gigante que menosprecia la juventud. Ser muchacho, rubio y de hermoso parecer no significa algo negativo, ni significa que solo por ser el portador de estas características te deben de tener en poco. En este momento David ya estaba en el campo de la batalla y fue ahí cuando Goliat lo miró y menospreció. Ser considerado poco manifiesta tu entrada en el campo de batalla del mundo espiritual y Goliat buscará humillarte, avergonzarte, infundirte miedo, decirte que no alcanzarás la meta divina, que perderás, o quizá se burle de ti y te maldiga como aconteció con nuestro amado David en su batalla contra dicho gigante:

"Y dijo el filisteo a David: ¿Soy yo perro, para que vengas a mí con palos? Y maldijo a David por sus dioses. Dijo luego el filisteo a David: Ven a mí, y daré tu carne a las aves del cielo y a las bestias del campo."
1Samuel 17:43-44

El enemigo Goliat está dispuesto a hurtar, matar y destruir la juventud para que no establezcan el Reino de Dios.

Engrandeciendo el nombre de Dios

Cuando te enfrentes a Goliat no dejes la guerra cuando apenas comienza, Goliat es uno de tus primeros enemigos a vencer antes de llegar al reinado, se valiente y enfrenta el Espíritu del gigante Goliat porque en el nombre de Jesús lo vencerás.

*"Entonces dijo David al filisteo: Tú vienes a mí con espada y lanza y jabalina; **mas yo vengo a ti en el nombre de Jehová de los ejércitos**, el Dios de los escuadrones de Israel, a quien tú has provocado.*
***Jehová te entregará hoy en mi mano, y yo te venceré, y te cortaré la cabeza**, y daré hoy los cuerpos de los filisteos a las aves del cielo y a las bestias de la tierra; **y toda la tierra sabrá que hay Dios en Israel.**"*
1Samuel 17:45-46
(Las negritas son añadidura personal para resaltar aquello que ayudará a una mejor comprensión)

Creo firmemente que Dios quiere elevar a la juventud a niveles más altos de Gloria donde el nombre del Señor será engrandecido, este libro no ha sido escrito para que la juventud se infle de ego creyendo que merece ser valorada y comience a levantar un reclamo por tenerla en poco; el Espíritu de Goliat será vencido en la vida de cada joven cuando se levanten siendo ejemplo a los creyentes, entonces toda la congregación que está en derredor, tanto el pueblo de Dios como los enemigos podrán contemplar el poder de Dios y el nombre de nuestro Señor será engrandecido. El deseo de mi corazón al escribir este libro es ver al cuerpo de Cristo, la Iglesia, engrandeciendo el nombre de Dios por el ejemplo de sus vidas.

"Y sabrá toda esta congregación que Jehová no salva con espada y con lanza; porque de Jehová es la batalla, y él os entregará en nuestras manos."
1Samuel 17:47

El camino a la victoria

Antes de ser rey debes matar y vencer a Goliat. Todo ministro del evangelio que establece con poder el reino de Dios en la tierra, se enfrentó a Goliat que es el gigante del menosprecio y lo venció.

Trasladándonos hasta el nuevo testamento, el apóstol Pablo le habló al joven Timoteo acerca de cómo vencer el menosprecio entre los creyentes, esto se logra al compensar su falta de edad con una vida de ejemplo para que el nombre de nuestro Dios sea glorificado, exaltado y engrandecido.

*"Ninguno tenga en poco tu juventud, sino **sé ejemplo** de los creyentes en palabra, conducta, amor, espíritu, fe y pureza."* *1Timoteo 4:12*

En los siguientes capítulos estaremos analizando de una forma profunda y práctica cada una de las áreas que recomendó el apóstol Pablo a Timoteo para que su vida fuera un ejemplo y modelo a seguir que bendeciría a mucho pueblo. Estoy convencido que si llevas a la práctica el consejo de Dios en tu vida, la experiencia que vivirás será gloriosa y el nombre de Dios será engrandecido.

Entonces continuemos con el área que Pablo considera la principal, por ponerla como número uno en la lista, estoy hablando acerca de ser ejemplo en: "Palabra".

Capítulo 2
Ejemplo en Palabra

"Nunca se apartará de tu boca este libro de la ley, sino que de día y de noche meditarás en él, para que guardes y hagas conforme a todo lo que en él está escrito; porque entonces harás prosperar tu camino, y todo te saldrá bien." Josué 1:8

Este libro de la ley era la ley de Moisés, que en el idioma original que es el hebreo, la palabra que se usa es: "**torá**" y se refiere al Pentateuco que son los 5 primeros libros de la biblia: Génesis; Éxodo; Levítico; Números y Deuteronomio. Pero así como ésta ley y toda la biblia son palabra de Dios, así el resto de las Escrituras. No nos quedamos solo con el Pentateuco, sino que debemos tomar toda la Palabra de Dios escrita y susurrarla, es decir; hablarla.

Qué hermosa es una generación de jóvenes que ama la Palabra, lee la Palabra, come con la Palabra, sueña con la Palabra, piensa en la Palabra y su tema principal es la Palabra. Jóvenes con hambre de la verdad, con hambre de realidades, que no solamente conocen la biblia como teoría sino que son violentos para alcanzar en vida aquello que Jesús ha ganado para los que creen.

Encomendados a Dios y a la palabra

*"Y ahora, hermanos, **os encomiendo a Dios, y a la palabra de su gracia**, que **tiene poder** para **sobreedificaros y daros herencia** con todos los santificados." Hechos 20:32*

Hay muchos creyentes y no estoy hablando solamente de jóvenes, que leen la Palabra de Dios, pero en lugar de sentir poder que sobreedifique o que dé la herencia, provoca únicamente sueño, a otros frustración porque no le entienden, para otros es un sacrificio enorme, pero el apóstol Pablo nos encomienda primeramente a Dios y luego a la palabra. Revisemos más a fondo algunas palabras clave de este verso para comprenderlo mejor.

La palabra que se usa en el idioma original para *encomiendo* es **"paratídsemi"** que significa: *"colocar junto"*, y cuando se usa la palabra *herencia*, en el griego es **"kleronomía"** que significa *"calidad de heredero"*, entonces si cambiamos estas dos palabras de nuestra Biblia versión reina Valera 1960 por las palabras en el original, tendremos una mejor comprensión de lo que Pablo nos quiere decir, y quedaría de esta forma: *"Y ahora, hermanos, os **"coloco junto"** a Dios, y a la palabra de su gracia, que tiene poder para sobreedificaros y daros **"calidad de herederos"** con todos los santificados."*

Al verlo de esta forma el sentido cambia, ya que muchas veces pensamos que solo por leer la Palabra ya debemos de tener toda la herencia, pero la realidad es que la Palabra de Dios tiene el poder para hacernos crecer (sobreedificaros) y darnos la calidad de herederos que se necesita para recibir la herencia, esto quiere decir que solo los que tengan la calidad de herederos podrán heredar:

"Pero también digo: Entre tanto que el heredero es niño, en nada difiere del esclavo, aunque es señor de todo; sino que está bajo tutores y curadores hasta el tiempo señalado por el padre." Gálatas 4:1-2

Solo piense en que un niño se queda con una gran herencia, no se la pueden dar hasta determinado tiempo, tiempo que el Padre haya dejado estipulado, porque si le dan los millones al niño no va a saber administrarlos. Se los pueden robar y en pocas palabras, lo más seguro es que pierda toda la herencia, y esto sucedería por su inmadurez, por su inexperiencia y por su falta de sabiduría para manejar una gran herencia, sigamos adelante, el verso siguiente dice:

"Así también nosotros, cuando éramos niños, estábamos en esclavitud bajo los rudimentos del mundo." Gálatas 4:3

Hay creyentes que se encuentran aún como niños, pero como nuestro tema es la juventud lo enfocaremos a la misma, tristemente en la actualidad se ha visto una juventud lastimada, que quiere conocer a Dios y anhela lo divino pero siente como si estuviera esclava, por más que intenta con oración, lectura de la Biblia, escuchar predicaciones, llorar delante de Dios, arrepintiéndose, todo esto y más, para ser libre de cierto hábito, sienten como una cadena que no los suelta, otros quieren ser más espirituales, otros anhelan un ministerio, pero todos buscan la herencia divina, y por más que intentan crecer en el reino sienten como si algo los estuviera deteniendo en la tierra y no les permitiera volar alto para vivir las experiencias del cielo, muchos se han desanimado en el intento de buscar la victoria sobre hábitos, pensamientos y todo lo que les haga sentirse atados, ya que han intentado e intentado y tarde o temprano se vuelven a topar con el fracaso. No te desanimes, sigue adelante, inténtalo una vez más, el secreto está en conocer a Jesús y conocer que el vive dentro de nosotros

*"Y por cuanto sois hijos, Dios **envió a vuestros corazones** el Espíritu **de su Hijo**..."*
Gálatas 4:6a

La palabra de Dios nos libra de la condenación futura pero también de la condenación presente.

Charles Spurgeon dijo un día: "nuestras biblias tienen tanto polvo en sus pastas que podríamos escribir sobre ellas la palabra **condenación**".

Si no estudiamos la palabra de Dios nos condenaremos a estar bajo los rudimentos del mundo y no podremos tener la mentalidad del cielo, no permitas ni un día a tu vida sentirse atada por cadenas que no te dejan despegar, comienza a estudiar la palabra de Dios y tus cadenas se romperán.

...cuando *éramos niños*, estábamos en esclavitud *bajo los rudimentos del mundo.*

Tenemos años en esta tierra y en consecuencia hemos aprendido a vivir, pensar, y actuar como se efectúa en esta tierra, estos son los rudimentos del mundo, hemos vivido en el mundo y hemos adoptado sus rudimentos, buscamos a Dios pero con una mentalidad llena de rudimentos del mundo, "solo los niños están bajo los rudimentos del mundo". La palabra que se usa aquí para niño en el griego es **"nepios"** y se refiere a niños recién nacidos, esta etapa en la vida cristiana es cuando alguien recién acepta a Cristo como su Salvador, o más bíblicamente cuando Cristo lo acepta a él y acaba de dejar el mundo para unirse a la Iglesia de Dios y entrar en el Reino de los cielos, ¡esto es algo maravilloso!, pero como son niños recién nacidos del Espíritu tienen aun los rudimentos del mundo, y para que estos rudimentos terrenales sean destruidos necesitamos comprender muy bien una verdad que Jesús le dijo a un gobernante terrenal llamado Pilato

"Respondió Jesús: Mi reino no es de este mundo..."
Juan 18:36a

Esta es una verdad tremenda. El reino de Dios no es de este mundo, sino del cielo; y para poder desenvolvernos en él tenemos que cambiar nuestra mentalidad y comenzar a pensar como se piensa en el cielo, si no pensamos como en el cielo se piensa, estamos pensando según la tierra, entonces estamos "bajo los rudimentos del mundo", esto quiere decir que somos niños. No importa que tanto tiempo tengas en esta etapa, hoy es el tiempo en que tu crecimiento se desarrollara a niveles de rapidez que nunca imaginaste, llegó el tiempo en que comenzarás a experimentar literalmente una vida que no es de este mundo, una vida que es del cielo.

Cambiando la mentalidad.

Si Jesús está dentro de nosotros que creemos en Él, que creemos en su muerte, en su resurrección, en toda su obra, y lo hemos hecho nuestro Rey al entregarle nuestra vida, entonces debemos conocer como vivió Jesús para que nosotros actuemos de la misma forma en que Él actuó.

Jesús estaba hablando con Pilato. Pilato fue un gobernante de una región de la tierra, es decir; un gobernante terrenal o alguien que gobernaba en este mundo; y si era gobernante de este mundo entonces tenía los rudimentos de este mundo, la mentalidad de este mundo que estaba en Pilato estaba cuestionando a Jesús, ya que estaba hablando con Él, pero Jesús le responde algo muy interesante a la mentalidad humana que existía en Pilato, le dijo: "mi Reino no es de este mundo".

Aprendemos que cuando nos aborda la mentalidad humana, o los rudimentos de este mundo, sin importar que tan fuerte sea su ataque o que tanto poder tengan, necesitamos contrarrestarlos como Jesús lo hizo diciendo: "yo no soy de este mundo", y negarnos a tener una mentalidad terrenal. No permitas que te vuelvan a colocar debajo de los rudimentos de este mundo, no importa cuál sea tu experiencia, no importa si te equivocaste, la Biblia dice que no somos de este mundo, y la Biblia esta primero que lo que tú y yo podamos experimentar, si la biblia dice tal cosa, aunque yo me equivoque me aferrare a lo que dice la palabra de Dios porque es la verdad a pesar de lo que haya vivido. "Aferrémonos a la palabra a pesar de nuestra experiencia".

"Pero cuando vino el cumplimiento del tiempo, Dios envió a su Hijo, nacido de mujer y nacido bajo la ley, para que redimiese a los que estaban bajo la ley, a fin de que recibiésemos la adopción de hijos.
Y por cuanto sois hijos, Dios envió a vuestros corazones el Espíritu de su Hijo, el cual clama: ¡Abba, Padre!
Así que ya no eres esclavo, sino hijo; y si hijo, también heredero de Dios por medio de Cristo."
Gálatas 4:4-7

Hemos dicho que Dios envió el Espíritu de su Hijo, envió el Espíritu de Jesús a nuestros corazones. Esto quiere decir que Jesús vive dentro de nosotros. Parece una locura y para la mentalidad humana de verdad lo es, no obstante para quienes tienen una mentalidad divina, incluso para aquellos que son niños en el Reino tienen la capacidad de creer en esta verdad preciosa. Al vivir Él dentro de nosotros es necesario conocerlo, el evangelio según Juan nos enseña algo acerca de Jesús. Juan capitulo 1 nos revela que el verbo es Jesús, al decir "el verbo" nos estamos refiriendo a la palabra; a la palabra de Dios, porque por ella fueron hechas todas las cosas. Entonces podemos concluir que Jesús es la palabra, Él es la palabra de Dios. Para conocer a alguien tenemos que convivir con él o ella, mientras más convivamos con dicha persona más la conoceremos. Si Jesús es la palabra de Dios por consecuente tenemos que pasar tiempo con la palabra de Dios para conocer a Jesús, porque según Juan capítulo 1 estaremos conviviendo con Jesús ya que la palabra es Jesús. Cada uno de nosotros nos parecemos en cierto grado a la persona con la que mas convivimos, mientras más convives con una persona más te pareces a ella. No importa cuánto tiempo hayas pasado en la etapa de la niñez, tampoco importa en qué etapa te encuentres ahora, solo convive con la palabra de Dios, convive con Jesús, y te parecerás más a Él cada día, mientras más convivas con la palabra más te parecerás a Cristo, entonces como dice Hechos 20:32 que "Dios y su palabra de gracia tiene poder para sobreedificarnos y darnos la calidad de herederos" se comenzará a realizar en nosotros. Dios y su palabra nos sobreedifican, nos ayudan a crecer, tienen poder para pasarnos de ser niños a ser aquellos hijos que tienen la calidad de herederos. Mientras más convivamos con Cristo, es decir, mientras más leamos la palabra de Dios, más creceremos en Cristo y ya no estaremos bajo los rudimentos del mundo, sino que tendremos una mentalidad que no es de este mundo, una mentalidad divina, una mentalidad del cielo, porque hemos crecido en Cristo, nos hemos parecido más a Cristo, y esta es nuestra meta, ser más como Cristo, porque Él es el hijo heredero, Él es el único digno de recibir la herencia de Dios, debemos de parecernos tanto a Él que ya no parezcamos nosotros, que la gente nos vea y vea a Cristo en nosotros, a esto le llamó el apóstol Pablo, "ya no vivo yo sino vive Cristo en mi", en otras palabras: seres transformados, solo existirá Cristo en nosotros y por consecuente tendremos la herencia ya que Cristo es el heredero. Que ésta sea nuestra meta todos los días y a cada momento, mientras más nos parezcamos a Cristo mas herencia tendremos. La herencia de Cristo es el Reino de su Padre, es decir; "el reino de Dios", te reto a que **busquemos** primeramente el reino de Dios y su justicia, creyendo firmemente a lo que dice Mateo 7:8

*"Porque todo el que pide, recibe; el que **busca**, **encuentra**; y al que llama, se le abre."*
(NVI).

Hablemos la palabra.

Mt 12:34-37...Porque de la abundancia del corazón habla la boca. De todo lo que abunde en nuestro corazón será de lo que hablemos, aquí no se puede fingir y hablar cosas que no haya en nuestro corazón, si queremos ser ejemplo para que ningún enemigo se burle y menosprecie la juventud que cree en Dios, debemos de darle a la palabra de Dios el lugar que se merece en nuestro corazón para que ésta abunde. Ya sabemos que Jesús vive en nuestros corazones, "hay que reflejarlo" y dar testimonio de ello, realmente debemos ser ejemplo de tener un corazón abundante de la palabra de Dios, de vida celestial y divina, entonces lo que hablemos será de ejemplo para los creyentes.

"Oro al Señor por todo el que lea estas páginas y lo encomiendo a Dios, es decir lo coloco junto a Dios en el mundo espiritual y junto a su palabra de gracia, para que esté cerca del Espíritu de Dios y de la palabra y sea llevado a nuevos niveles de edificación, de herencia y del Reino de Dios."

Capítulo 3
Ejemplo en Conducta

Nuestra conducta debe ser coherente con la Palabra de Dios; como ya vimos en el capítulo anterior, mientras más convivamos con la Palabra de Dios más nos pareceremos a ella. Para conocer cómo debe ser nuestra conducta es forzoso ir a la Palabra.

Para saber cómo debemos comportarnos en base a la Palabra de Dios necesitamos conocer quiénes somos, porque si no sabemos quiénes somos no sabremos cómo nos debemos comportar. Cuando yo sé que soy estudiante, me comporto como estudiante al ir a la escuela, aprender de los maestros, hacer tarea y todas las actividades que realiza un estudiante; cuando yo sé que soy hijo realizo las actividades que un hijo realiza, obedezco a mis padres, ayudo en las tareas de la casa, hago mandados, limpio mi cuarto, etc... Volviendo al tema de los herederos, alguien que se sabe heredero, se comportará como heredero, al cumplirse el tiempo establecido en el testamento para reclamar la herencia tomará posesión de todo lo que es suyo, realizará los trámites pertinentes, firmará lo que tenga que firmar, y entonces se estará comportando como un heredero; pero si una persona ignora que tiene una heredad y que alguien lo dejo como heredero, puede llegar el tiempo en que debe recoger la herencia y comportarse como si careciera de autoridad para reclamarla, pues ignora cuál es su posición o su identidad, al desconocer que es dueño de una herencia probablemente nunca disfrute de ella por el simple hecho de desconocer esa faceta de su vida. Por eso necesitamos que Dios nos ilumine; así, mente y espíritu recibirán la verdad acerca de nosotros mismos con el fin de cambiar nuestra conducta, si queremos ser ejemplo a los creyentes en conducta debemos conocer quiénes somos, tal vez conozcamos algunas cosas de nosotros, pero Dios que es tu Creador y te dio la vida eterna, es decir la vida espiritual, conoce realmente quién eres. Entonces veamos qué ha realizado Dios en nuestra vida. Acompáñame a conocer quién eres tú, quién es la juventud que cree en nuestro Señor Jesús y quién es el pueblo de Dios en general. Estamos a punto de conocer nuestra identidad en el espíritu, nadie más influirá en ti desviándote del camino y alejándote de la meta a la que fuiste llamado *"porque tu identidad está totalmente definida"*.

Dios ve a su pueblo de muchas formas, pero esto no significa que seamos diferentes, o que cada persona tenga una identidad y otras otra, sino que todas las facetas que la Biblia menciona acerca de nosotros forman nuestra identidad. No podemos ser solo reyes y sacerdotes sin ser también nación santa, porque entonces solo andaríamos por el mundo dando órdenes como reyes haciendo lo que nosotros queramos sin importar la santidad. Tampoco podemos dejar fuera el hecho de que somos "pueblo adquirido por Dios", por esta razón, reconocemos que nosotros no adquirimos a Dios, es decir no somos dueños de Dios, sino que él nos adquirió a nosotros y así nos someteremos a su voluntad.

Debido a que el tema principal no es conocer nuestra identidad en Dios con profundidad,   solo se observarán ciertas partes de la misma, de lo contrario se desviaría nuestra atención de la meta de este libro, en algunas profundizaremos más que en otras, pero en todas tocaremos lo necesario para que nuestra vida y conducta sea ejemplo y llevemos a cabo nuestro objetivo que es proyectar la vida celestial para el establecimiento del Reino de Dios.

Comenzaremos con lo que nos habla el apóstol Pedro en una de sus cartas

*"**Más vosotros sois** linaje escogido, real sacerdocio, nación santa, pueblo adquirido por Dios, para que anunciéis las virtudes de aquel que os llamó de las tinieblas a su luz admirable"*
1Pedro 2:9

Como comentaba anteriormente, en la actualidad la gente no sabe quién es, de hecho si le preguntas a alguien: ¿Quién eres?, puedes recibir una cantidad de respuestas diversas como: soy Juan, soy abogado, soy estudiante, soy padre, soy hijo, soy esposo, soy una persona feliz, etc. Pero ninguna de estas respuestas dicen quien es la persona, no puedes ser Pedro, sino que tu nombre es Pedro; no eres abogado o estudiante, esa es tu profesión o a lo que te dedicas; no eres padre, hijo, esposo, etc., eso es tu rol en la familia; no eres una persona feliz, eso son solo tus sentimientos; tampoco eres una persona inteligente, esa es tu capacidad mental; y las personas no saben quienes realmente son ellas mismas, esto se debe a que no tienen identidad, estas personas son movidas fácilmente por los sentimientos, pensamientos, influencias externas, por doquiera de todo viento de doctrina (Efesios 4:14). Tristemente mucha juventud en nuestras iglesias ha sido golpeada por este fenómeno que se está dando en el mundo. Esto es una alarma para la Iglesia actual a nivel mundial ya que muchos chicos y grandes están dentro de las iglesias, hablan de Cristo, cantan alabanzas, y realizan todo el patrón evangélico conocido hasta hoy, pero no tienen su identidad bien definida. El apóstol Pedro nos da nuestra identidad en Cristo: *"Más vosotros sois..."*, no dice, tal vez sean, o quizá van a llegar a ser, o lo serán cuando mueran y se vayan al cielo, nada de eso, el apóstol está hablando en tiempo presente *"...sois..."*.

Vosotros sois *linaje escogido* (Somos hijos de Dios)...

Todos aquellos que creen en Jesús como su Salvador y lo tienen como el Rey de su vida son linaje escogido. La palabra linaje se refiere a parentesco o familia, esto quiere decir que somos de la familia escogida, ¿de qué familia? de la familia de Dios o también podemos referirnos a esta familia como el pueblo de Dios. Mencionar la palabra escogidos no significa que Dios hace acepción de personas, sino que Él quiere que todos sean parte de esta familia, pero el Señor escoge a los que están en su Hijo mediante la fe en Él. Así, Él vive en ellos, y si son fieles, son además escogidos. Esto se debe a que Jesús es el hijo de Dios, Jesús es de la familia de Dios, y si nosotros tomamos la decisión que menciona el apóstol Pablo: "Ya no vivo yo, mas vive Cristo en mí"(Gál. 2:20), entonces Cristo, el Hijo de Dios, comenzará a vivir en nosotros y por eso nosotros pasamos a ser parte de esta familia, no por lo que somos, sino porque ahora es Cristo viviendo en nosotros y Él es el Hijo de Dios, y entonces por ello todos los que hemos recibido a Jesús en nuestro corazón recibimos la oportunidad de ser hechos hijos de Dios (Gal 4:4-7).

Ser linaje escogido no es cosa insignificante, ni lo podemos pasar por alto, ya que la Biblia nos está diciendo que somos hijos de Dios, y así como Jesús es el Hijo de Dios y cuando estuvo en la tierra se comportó como lo que es, así nosotros debemos comportarnos porque somos hijos de Dios, y ya no somos nosotros los que debemos de vivir, no obstante es Cristo viviendo en nosotros. Tal vez existen muchos errores, y la inexperiencia de los jóvenes propicia equivocaciones, pero Cristo es perfecto, y ya no somos nosotros los que vivimos sino Cristo, cuando estés apunto de equivocarte, pecar o caer, y venga ese sentimiento dentro de ti diciéndote: ¡no lo hagas¡ recuerda este principio, ya no vives tú, ahora vive Cristo en ti, y entonces comenzarás a conocer que aquello que te habla en lo más intimo de tu ser para impedir tu pecado, equivocación o caída es Jesús que está dentro de ti impidiendo tu mal, solo obedécelo y déjalo dirigir tu conducta, así cada vez serás mas como Él es.

Sabiendo a qué se refiere el apóstol Pedro al llamarnos linaje escogido, veamos que se le dijo al pueblo de Dios que vivió antes de nosotros:

*"Porque tú eres pueblo santo para Jehová tu Dios; Jehová tu Dios **te ha escogido** para serle **un pueblo especial**, más que todos los pueblos que están sobre la tierra."*
Deuteronomio 7:6

Cuando Dios nos hace linaje escogido dejamos de ser gente de este mundo para pasar a ser gente del cielo, "el cielo es la morada de Dios y también la de su familia". Yo te digo hoy joven: cuando Jesús entra a vivir en nosotros, nuestra raza cambia, nuestra genética también, y no somos especiales porque estemos preparados y seamos buenas personas en la tierra, si no que literalmente somos ciudadanos del cielo, y siempre lo divino y celestial es más especial que lo terrenal. Pero si somos ciudadanos del cielo nuestra conducta debe ser como es en el cielo. ¿Te comportarías de la misma manera si en lugar de vivir en la tierra vivieras en el cielo? ¿Si vivieras en el cielo hubieras hecho, pensado, visto y decidido lo mismo que hiciste en todo el mes pasado? ¿Actúas de la misma manera en la escuela, en el trabajo, en la casa y en el parque, como si estuvieras en el cielo, o hay diferencia? Dios está en el cielo ¿vivimos como si estuviéramos siempre delante de la presencia de Dios? Tal vez no entendamos que vivimos en el cielo, y digamos: ¡pues estoy aquí viendo la tierra y viendo lo mismo que he visto toda la vida!, pero recuerda que estamos conociendo nuestra identidad para saber cómo debemos comportarnos, muchos creyentes piensan que solo estamos viviendo en la tierra y creen que su identidad solo es terrenal y su conducta es solo para lo terrenal, pero cuando Dios nos da luz para ver que somos ciudadanos del cielo, nuestra conducta comienza a cambiar y nuestro comportamiento proyecta actitudes divinas. Vivamos en plena comunión con Dios como se tiene en el cielo, vivamos en humildad, en adoración constante, en oración, lectura de la Palabra, que nuestras pláticas sean de la Palabra de Dios, pensemos en todo lo bueno (Filipenses 4:8), seamos amables, busquemos el bien de los demás, seamos amorosos, en pocas palabras: imitemos a Cristo.

Tal vez solo veas la tierra, pero vive como si vivieras en el cielo, eso es la fe, "la certeza de lo que se espera, *la convicción de lo que no se ve*" (Hebreos 11:1). *"Gracias Dios por este gran privilegio de estar en lugares celestiales".*

Tal vez vengan pensamientos a tu mente tales como: "es muy difícil vivir de esta forma", pero ya está dicho en la palabra de Dios y si está dicho es para nosotros, te invito a unirte conmigo y juntos busquemos día a día vivir más el cielo en la tierra.

"...asimismo nos hizo sentar en los lugares celestiales con Cristo Jesús" Efesios 2:6

En la Biblia cuando se menciona a alguien como: "el escogido", se refiere a hombres con autoridad, reyes y líderes muy poderosos, unos fungían la función de rey y otros funciones sacerdotales, un escogido solo podía ser rey o ser sacerdote, en el antiguo pacto no había alguien con las dos autoridades con excepción del Rey David, solo él fue Rey y Sacerdote, esto fue posible porque adelantó los tiempos de una manera impresionante, a tal grado que vivió cronológicamente en el antiguo pacto pero experimentó de forma real en su tiempo el nuevo pacto, David se adelantó aproximadamente 1000 años, vivió en un tiempo muy adelantado al que le correspondía, esto es impresionante, y si observamos la vida de David cuando era joven muchos lo quisieron menospreciar, pero él no lo permitió pues su ejemplo jamás dio motivo al pueblo para ser menospreciado, y esto exaltó el nombre de Dios.

Entonces, se puede observar que cuando se menciona a alguien como escogido era rey, sacerdote o ambas cosas, y estas son símbolo de autoridad, entonces si nosotros vivimos en el nuevo pacto y somos "linaje escogido" también somos "reyes y sacerdotes".

Vosotros sois...   ...*Real sacerdocio*...

Ser Real (Reyes) sacerdocio (Sacerdotes) es algo precioso y es un privilegio tremendo que Dios por su gracia nos permite vivir hoy en día, veamos los términos por separado para una mayor comprensión de nuestra identidad actual.

a) Reyes.

Somos Reyes y todo Rey necesita un territorio en el cual ejerce su influencia y autoridad, nosotros como seres vivientes peregrinos en este mundo nos desenvolvemos en ciertos lugares, algunos pasan tiempo en la escuela, otros en el trabajo, no importa el lugar donde te desenvuelvas, lo importante es que engrandezcas el nombre de Dios donde te encuentres. El lugar donde Dios te ha puesto es el territorio donde tú debes ser Rey, si tú eres estudiante, debes ser ejemplo a los demás y comportarte como un hijo de Dios en la escuela, cuando estés con tus compañeros no tienes porqué aguantar que estén hablando groserías, o que realicen acciones contrarias a las establecidas por Dios, porque tú eres un Rey y te deben respetar. No les vas a exigir respeto, pero cuando te comportes como lo que eres: un Rey, sabrán que eres hijo del reino de Dios y entonces ellos se guardarán aquello que vaya en contra del reino al que perteneces. Te comento un testimonio personal: estudio una licenciatura en un tecnológico de nivel profesional y en la escuela convivo con mucha gente, pero cada vez que estoy presente con aquellos que me conocen no se pronuncian palabras groseras y si alguien habla una palabra ofensiva me piden perdón y se retraen de volver a decir algo similar aunque no me hayan dirigido a mí la palabra de ofensa, solo por el hecho de que yo estuve presente se sienten incómodos de pronunciar algo errado, yo nunca les reprendí de hablar cosas groseras, la gente sola se reserva mientras más te va conociendo y mientras más proyectas la vida celestial, tal vez es un ejemplo no muy relevante pero lo que quiero expresar es que donde tu estés el ambiente debe de ser transformado porque Jesús mismo que vive dentro de ti a llegado a cierto lugar contigo. Si nos llamamos cristianos no seremos nosotros con los que la gente tenga contacto, sino con Cristo, ya que Pablo dice que "ya no vivimos nosotros, mas vive Cristo en nosotros", y esta es una realidad, de nosotros depende que impresión reciba el mundo de Jesús. Busquemos ser excelentes en todo lo que hagamos, seamos amables con las personas, mostremos amor, seamos solidarios, responsables, amigables, en fin, comportémonos como queramos que la gente conozca a Jesús a través de nosotros.

Tal vez te equivoques algunas veces, pero no te preocupes, levántate y sigue adelante.

"Porque siete veces cae el justo, y vuelve a levantarse;
Mas los impíos caerán en el mal."
Proverbios 24:16

Que nada te pare, tal vez tropieces, pero llénate de fortaleza y vuelve a intentarlo, intenta volar en las alturas del cielo otra vez buscando que tu vida sea más como la de Jesús, engrandezcamos el nombre de nuestro Señor, Salvador y Rey.

Nosotros como reyes marcaremos el rumbo de todo lugar donde estemos, y tenemos dos opciones que podemos seguir. La primera: ser reyes desconocidos, sin influencia alguna, y sin el deseo de realizar algún cambio positivo donde se desenvuelven. La segunda: ser reyes con el poder y autoridad del cielo, expresando con su vida toda la esencia de Jesús viviendo en ellos y en donde se encuentren las tinieblas se desvanezcan, pues su luz alumbra todo su alrededor. Tomemos nuestro papel de reyes y establezcamos el Reino de los cielos en la tierra.

b) Sacerdotes.

Lo sacerdotes se encargan de las cosas espirituales, de los asuntos de la Iglesia (refiriéndonos a los miembros, ya que ellos son la verdadera iglesia y no el edificio) a ellos se les ha dado el gran privilegio de ministrar las cosas santas y Dios les permite estar en contacto con Él. Estas personas tienen una responsabilidad muy grande hacia Dios primeramente, luego hacia el pueblo de Dios y hacia las almas en general, todo ser humano y espiritual espera de estas personas una vida donde exprese, hable y actúe lo que es divino y santo. Todo ser humano y todo ser espiritual espera algo diferente y especial de los sacerdotes que del resto de las personas. Primero veremos un poco acerca de cómo actuar hacia los seres humanos. Dios nos ha hecho sacerdotes y tenemos que comportarnos como tal, un sacerdote siempre habla lo que viene del cielo, da un consejo cuando alguien lo necesita, ora por las personas, da seguridad, en pocas palabras busca cualquier oportunidad para guiar a la gente hacia Dios, y la gente eso es lo que espera ver en nosotros, tal vez te critiquen, te difamen, te persigan, pero el mundo entero no espera menos de ti, incluso la misma creación anhela tu manifestación

"Porque el anhelo ardiente de la creación es el aguardar la manifestación de los hijos de Dios."
Romanos 8:19

El mensaje que tienes para compartir es el mejor que se pueda hablar, es aquello que puede cambiar la vida de las personas, el mensaje de la cruz aun tiene poder y el mundo necesita conocerlo para que pueda ser libre de toda cosa mala. No te detengas, habla la Palabra de Dios, predica el evangelio. Actuemos como sacerdotes en el mundo.

Los seres espirituales también están a la expectativa de nuestras acciones, los ángeles solo están pendientes de que oremos por alguien para ponerse a trabajar y realizar lo que mandes como sacerdote, el cielo anhela verte expresando la vida de sacerdote donde te desenvuelves, el sumo sacerdote es nuestro Señor Jesucristo

*"Por tanto, hermanos santos, participantes del llamamiento celestial, considerad al apóstol y **sumo sacerdote de nuestra profesión, Cristo Jesús**"*
Hebreos 3:1

*"Por tanto, **teniendo un gran sumo sacerdote** que traspasó los cielos, **Jesús el Hijo de Dios,** retengamos nuestra profesión."*
Hebreos 4:14

Podemos resumir el sacerdocio en lo siguiente:

*"Porque **todo sumo sacerdote tomado de entre los hombres es constituido a favor de los hombres** en lo que a Dios se refiere..."*
Hebreos 5:1

Nosotros no somos sumos sacerdotes, el sumo sacerdote es Jesucristo como ya lo vimos, pero así como el sumo sacerdote está a favor del pueblo, el sacerdote también lo está, para eso somos sacerdotes, para estar a favor del pueblo, para hacerles bien a los hombres, para guiar al pueblo de Dios, para hacer vallado en la tierra, para ponerse en la brecha, estamos conviviendo día a día con personas cristianas y no cristianas, gente que cree igual que nosotros y otras que no, pero si estamos ahí es porque debemos estar a favor del pueblo, principalmente hacia el pueblo de Dios y luego hacia los incrédulos, porque hay quienes ayudan mucho a los incrédulos pero hablan y tratan muy mal a sus hermanos en Cristo, esto no debe de suceder entre nosotros, ponte a favor de tu hermano, pero no dejes de ponerte a favor de aquellos que no conocen de Dios, no toleres su pecado pero intercede por ellos y dales el consejo de Dios, *"estás destinado a ser de bendición para el mundo"*.

El mundo espera recibir de ti lo que viene de Dios, y todos los seres espirituales incluyendo a Dios esperan que tú des lo que tienes para bendecir a alguien más y en cuando lo hagas no estarás tú solo realizándolo, sino que el cielo estará respaldándote, y entonces así se unirá el cielo con la tierra.

Vosotros sois... *Nación santa...*

El término "nación" no se refiere a un lugar físico o a un territorio, sino a personas de la misma raza (como del mismo hábito), incluso lo podemos llamar como pueblo y no torceríamos la Palabra, me gustaría que esto quedará claro, el pueblo mexicano puede que no esté todo junto en el País de México, algunos estarán en Estados Unidos, otros en China, otros en España, etc., pero estén donde estén siguen siendo pueblo mexicano.

Al llamarnos el apóstol Pedro nación santa nos está llamando una raza santa, en el mundo pueden existir muchas razas diferentes y cada una con sus cualidades muy características, también existen muchas naciones en el mundo, pero nosotros no somos de ninguna raza ni nación humana, física o terrena, no somos de este mundo

"Respondió Jesús: Mi reino no es de este mundo..."
Juan 18:36

Nuestra raza es santa, nuestras características principales son la cruz y la resurrección, nos parecemos a Cristo, por eso el mundo nos puso el nombre de cristianos porque no pensamos, actuamos, ni somos como ninguna raza humana, nuestra raza no es del mundo, ¡es del cielo! Nuestra nación no está en este mundo, ya no somos de México, Estados Unidos, Francia, Alemania, China, somos de la nueva Jerusalén que viene de Dios, viene del cielo:

"Al que venciere, yo lo haré columna en el templo de mi Dios, y nunca más saldrá de allí; y escribiré sobre él el nombre de mi Dios, y el nombre de la ciudad de mi Dios, **la nueva Jerusalén, la cual desciende del cielo, de mi Dios,** *y mi nombre nuevo."*
Apocalipsis 3:12

La nueva Jerusalén no es de esta dimensión, está en la dimensión espiritual y nosotros somos ciudadanos de este lugar espiritual, pertenecemos ahí aunque no lo veamos con nuestros ojos físicos, solo por fe se vive en el reino de los cielos

"He aquí que aquel cuya alma no es recta, se enorgullece; **mas el justo por su fe vivirá.***"*
Habacuc 2:4

Debemos tener fe para vivir en esta dimensión espiritual, muchos pensarán que solo es fantasía, que son símbolos y alegorías, pero Habacuc deja algo bien claro: "el alma no recta, se enorgullece", y en los versos siguientes describe las almas no rectas, y son almas que aman los placeres de este mundo, como: los que son dados al vino, los soberbios, los que acumulan pertenencias (lujos, comodidades, placeres, etc) y jamás sacian su alma (2:5); El que codicia ganancias injustas, el que quiere ponerse en alto (2:9), los que pecan (2:10), entre otras cosas; pero podemos resumir que son almas que aman las cosas de este mundo, personas que se aferran a este mundo, ellos son quienes no entienden que pueda haber una vida celestial llena de gloria.

No podemos comportarnos terrenalmente, debemos comportarnos cómo se comporta la gente celestial, comportémonos como aquellos que vienen de Dios, de la nueva Jerusalén. Es tiempo de que cambiemos toda nuestra forma de pensar, ser y actuar, rompamos los patrones que hemos aprendido a través de los años en este mundo y comencemos a meternos en oración, lectura de la Palabra de Dios, alabanza, adoración y ayunos para conocer cómo se vive en la nueva Jerusalén, donde vive la nación santa de Dios.

*"Y yo Juan vi la santa ciudad, la nueva Jerusalén, descender del cielo, de Dios, **dispuesta como una esposa ataviada para su marido.**"*
Apocalipsis 21:2

La novia del cordero.

Quiero aprovechar para decir que quienes viven en la nueva Jerusalén son la Novia del Cordero, esta es otra faceta de los creyentes muy importante, muchos conocen que son hijos de Dios y actúan como corresponde, y el Padre los trata como hijos, les provee, los protege, los instruye, los guía, les da de comer, de beber, los trata como herederos de todo su reino dándoles libre acceso a todo lo celestial, y todo el trato pertinente que un buen Padre del tamaño de Dios hace con sus hijos. Pero hay un grupo de personas que tienen bien definida otra faceta de su identidad en Cristo, esta es la de la novia o la esposa del Cordero, a ella se le da un trato distinto, siempre recibe Amor, es la amada de nuestro Señor Jesucristo, a ella se le instruye con dulzura, ternura y amor, también se le provee lo que necesite y no solo lo que necesite si no aun más que eso, por ella Jesús dio su vida y le ha dado todas las cosas, nadie le puede hacer daño porque aquel cordero enamorado se convierte en un león que destruirá a todo aquel que quiera lastimar a su amada, a ella se le cuentan los secretos más íntimos; una vez escuché a una sierva de Dios decir: "a la Novia del Cordero se le abre el corazón del Amado, cosa que no sucede con los hijos". Como podemos ver, la Novia del Cordero recibe un trato muy especial de parte de Jesús, pero como toda relación de amor es de dos y no solo de uno, la novia también responde de manera preciosa, ella está completamente enamorada de Jesús, siempre le da gloria, alabanza y se rinde a sus pies en adoración, entrega todo su ser sin reservas a su amado esposo, donde quiera que está habla de su amado y lo defiende si alguien habla mal de él, todo lo ve con amor porque está enamorada, es por eso que los que tienen bien definida esta faceta de su identidad son muy amorosos(as), siempre deja a Jesús como un Rey, siempre busca su reino y su voluntad para hacerlo feliz, esta es la Novia del Cordero, dispuesta a morir por Jesús pero también a vivir toda la eternidad junto a Él. Busquemos más a nuestro amado en esta faceta tan maravillosa para que seamos nosotros los que están en Apocalipsis 22:17 y 22:20

"Y el Espíritu y la Esposa dicen: Ven..."
Apocalipsis 22:17ª

"...sí, ven, Señor Jesús."
Apocalipsis 22:20b

Vosotros sois... *pueblo adquirido por Dios...*

Dios nos tomó a nosotros, nos adquirió, nosotros no lo adquirimos a Él, por años hemos dicho que debemos aceptar a Jesús en nuestra vida, pero realmente Jesús es quien nos acepta a nosotros en su vida, Jesús pagó un precio muy alto con el cual nos compró. No escuches las voces que te digan que no vales nada, cuando estos pensamientos o sentimientos vengan a ti solo recuerda el gran precio que Jesús estuvo dispuesto a pagar por ti, eres muy valioso, tu precio es la sangre de Cristo, tú vales más que el mismo cielo porque Jesús lo dejó para venir a la tierra por ti, vales más que la vida en esta tierra porque Jesús menospreció su vida para que tú no murieras; no permitas que nada te desanime, sigue adelante, sigue viviendo para lo cual fuiste llamado, sé ejemplo, porque lo que se ha pagado por ti tiene mucho valor, Dios confía en ti, no te desanimes, cuando algunos recomiendan a alguien meten las manos al fuego por ellos, pero Jesús no metió las manos al fuego, se metió todo completo al mismo infierno por ti y salió bien librado de ahí resucitando al tercer día, no cabe duda que Él confía en ti y tiene dádivas preciosas para tu vida. Nunca te dejará, cuando pudo librarse de la muerte y no ir a la cruz, no se libró de ella sino que murió y resucitó haciendo todo lo necesario para que estemos junto con Él, mucho menos te dejará ahora, eres pueblo adquirido por Dios, él te compró, te adquirió, y eres suyo, ¡¡¡alabado sea el Señor!!!

Nosotros no tenemos nada para pagar lo que ha hecho por nosotros, aunque nuestro corazón quiera corresponderle y nuestro ser completo anhele agradecer todo su Amor, nunca lo podríamos compensar, y esto nos pone en una posición de "deudores de su gracia", llevándonos así a servirle siempre, tomando aun sus deseos como órdenes para nosotros. Solo aquellos que tienen un fuerte deseo de agradar a Dios, aunque han caído una y otra vez, y Dios los ha perdonado una y otra vez, son aquellos que comprenden lo que es ser siervo por Amor y deudor de su gracia, aquel que sabe que se le ha perdonado mucho y que si no fuera por Dios no tuviera nada, ni sería nada, tendrá una vida rendida delante de Dios, lo que Dios les pida eso harán, si Dios les ordena que realicen algo lo llevarán a cabo, si Dios prohíbe algo no se atreverán a hacerlo. Estamos hablando de hombres y mujeres que pertenecen a Dios.

Día a día debemos tener esto bien claro en nuestra mente y en todo nuestro ser para comportarnos obedientemente hacia él, nunca olvidemos que solo es por su misericordia que nos permite seguir viviendo y es su gracia la que nos ha dado todas las cosas, si tenemos algo o alcanzamos algo en la vida no es por nosotros, es porque Dios en su gracia nos lo ha permitido, siempre recordemos esto y no nos descarriaremos creyendo que nosotros pudimos alcanzar logros, sino estemos conscientes de que nosotros no podemos adquirir nada por más que nos esforcemos, es Dios quien nos adquirió a nosotros y él realiza una obra preciosa en nosotros ya que somos parte de su propiedad.

"...para que anunciéis las virtudes de aquel que nos llamo de las tinieblas a su luz admirable."

Comprendamos que estas facetas de nuestra identidad tienen un propósito, el cual consiste en anunciar las virtudes de Dios. Al hablar de "anunciar", el pasaje está hablando de "dar a conocer", tenemos que dar a conocer lo bueno que es Dios, demos a conocer la obra preciosa que Dios ha hecho con nosotros.

"Sino que lo necio del mundo escogió Dios, para avergonzar a los sabios; y lo débil del mundo escogió Dios, para avergonzar a lo fuerte; y lo vil del mundo y lo menospreciado escogió Dios, y lo que no es, para deshacer lo que es, a fin de que nadie se jacte en su presencia." 1Corintios 1:27-29

Anunciemos a todos que no merecíamos la bendición de Dios pero que Él ha sido bueno para con nosotros y nos ha hecho bien, Dios nos ha transformado para que demos a conocer el carácter de nuestro Dios, mostremos y hablemos donde quiera que estemos las virtudes de nuestro Señor, porque Él nos ha llamado de las tinieblas a la luz, del menosprecio a darnos un gran precio, de la tristeza al gozo y alegría, de los pecados a la santidad, el nos ha cambiado de posición; es tiempo de que anunciemos sus virtudes, porque si a nosotros nos traslado de tinieblas a luz, también lo puede hacer con alguien más.

El versículo anteriormente citado nos invita a mantenernos en adoración constante ante Dios por sus maravillas en nuestras vidas. Deseo comentar que la adoración tiene un poder tremendo en el mundo espiritual y aquel que adora recibe un gran beneficio, ya que al estar adorando al Señor podemos mantenernos en el sitio espiritual donde Dios nos coloca, esto es; en la luz. Esto sucede porque al estar adorando al Señor por sus bondades y virtudes, y comenzamos a levantar nuestra voz reconociendo que son sus virtudes las que nos han transformado, le estamos dando el lugar de Señor y Rey sobre nosotros, estamos reconociendo que él nos adquirió y trasladó de la oscuridad a lo alumbrado y hermoso.

Hemos mencionado algunas de las facetas de la identidad del cristiano sin importar su edad, al conocer quiénes somos en realidad comportémonos como ello y comencemos a vivir esta vida gloriosa, divina y celestial, Dios nos ha transformado en lo que acabamos de estudiar para que vivamos una vida coherente con ello. Tal vez el mundo diga que es algo muy fantasioso o muy ridículo, o incluso pueden decir que es algo muy fanático, pero la voz del mundo tiene a sus seguidores atados a él, mejor escuchemos la voz de Dios para estar atados a su Palabra que es buena, "Dios tiene pensamientos de paz y no de mal para nosotros" (Jeremías 29:11), "el bien y la misericordia nos seguirán todos los días de nuestra vida" (Salmos 23:6). Sin duda la voz de nuestro Dios nos da una vida mucho mejor que las voces terrenales, la voz de Dios nos da una vida celestial.

Capítulo 4
Ejemplo en Amor

*"Si yo hablase lenguas humanas y angélicas, y no tengo amor, vengo a ser como metal que resuena, o címbalo que retiñe. Y si tuviese profecía, y entendiese todos los misterios y toda ciencia, y si tuviese toda la fe, de tal manera que trasladase los montes, y no tengo amor, nada soy. Y si repartiese todos mis bienes para dar de comer a los pobres, y si entregase mi cuerpo para ser quemado, y no tengo amor, de nada me sirve.
El amor es sufrido, es benigno; el amor no tiene envidia, el amor no es jactancioso, no se envanece;
no hace nada indebido, no busca lo suyo, no se irrita, no guarda rencor; no se goza de la injusticia, mas se goza de la verdad. Todo lo sufre, todo lo cree, todo lo espera, todo lo soporta. El amor nunca deja de ser; pero las profecías se acabarán, y cesarán las lenguas, y la ciencia acabará." 1Corintios 13:1-8*

El tema del amor es precioso y muy enriquecedor, pero solo nos enfocaremos a esta parte de la

Escritura para cumplir con el propósito principal y no extendernos demasiado ya que este tema es eterno y nos llevarían libros y libros hablar de él.

En la primera parte de este capítulo, refiriéndonos a los 3 primeros versículos, podemos percatarnos de la necesidad que existe del Amor, absolutamente todo lo que existe sin amor es nada, no tiene valor; tal vez el mundo considere como gran valor poseer una fe que mueva las montañas pero para el reino de los cielos si no tienes Amor no tiene valor.

Un capítulo anterior el apóstol Pablo les está hablando a los corintios acerca de los dones espirituales:

> *"No quiero, hermanos, que ignoréis acerca de los dones espirituales."*
> *1Corintios 12:1*

En aquel tiempo como en la actualidad, tristemente aquellos hermanos que estaban llenos de dones espirituales eran más reconocidos en la iglesia que los que no tenían dones del Espíritu Santo. Quiero aclarar que los dones no son malos, al contrario, son excelentes y dan bendición al pueblo de Dios, yo tengo la convicción de que todo cristiano debe buscar los dones del Espíritu Santo ya que es poder para realizar la obra de Dios en la tierra, pero lo triste es que a los hermanos que no tienen dichos dones muchas veces los hacen menos o los toman en poco, debemos de tener mucho cuidado, porque el apóstol Pablo enseño acerca de los dones espirituales pero dijo algo muy tremendo que muchas veces lo pasamos por alto

> *"Procurad, pues, los dones mejores.* ***Más yo os muestro un camino aun más excelente.****"*
> *1Corintios 12:31*

Y después de decir esto termina el capítulo 12 y sigue con el 13 que habla del Amor y comienza diciendo:

"Si yo hablase lenguas humanas y angélicas, y no tengo amor, vengo a ser como metal que resuena, o címbalo que retiñe. Y si tuviese profecía, y entendiese todos los misterios y toda ciencia, y si tuviese toda la fe, de tal manera que trasladase los montes, y no tengo amor, nada soy. Y si repartiese todos mis bienes para dar de comer a los pobres, y si entregase mi cuerpo para ser quemado, y no tengo amor, de nada me sirve." 1Corintios 13:1-3

Cuando el apóstol Pablo escribió la carta a los Corintios no la escribió por capítulos, una carta no se escribe por capítulos, se escribe en conjunto; lo cual significa que el Apóstol Pablo al haber escrito la carta lo hizo realmente sin separación de capítulos, y así fue en todos los libros de la Biblia, los capítulos se los añadieron después para facilitar la búsqueda de pasajes bíblicos. Entonces esta parte sin divisiones quedaría de la siguiente manera:

... Procurad, pues, los dones mejores. Mas yo os muestro un camino aun más excelente. Si yo hablase lenguas humanas y angélicas, y no tengo amor, vengo a ser como metal que resuena, o címbalo que retiñe. Y si tuviese profecía, y entendiese todos los misterios y toda ciencia, y si tuviese toda la fe, de tal manera que trasladase los montes, y no tengo amor, nada soy. Y si repartiese todos mis bienes para dar de comer a los pobres, y si entregase mi cuerpo para ser quemado, y no tengo amor, de nada me sirve...

De esta manera podemos apreciar mejor que el apóstol al decir que hay un camino más excelente inmediatamente después comienza a explicar la necesidad del Amor, y después en el verso 4 nos comienza a hablar de lo que es el Amor.

Debemos buscar los dones espirituales, pero al usarlos debemos hacerlo con Amor, para bendecir a la Iglesia y no para gloriarnos nosotros, ya que los dones son para la edificación de la Iglesia

"Así también vosotros; pues que anheláis dones espirituales, procurad abundar en ellos para edificación de la iglesia". 1 Corintios 4:12

Con todo lo visto, quiero mostrarte que debemos ser jóvenes que busquen amar por sobre todas las cosas, incluso por encima de los dones espirituales, tu Amor debe ser aun más grande que los dones, talentos, aptitudes e ideas que puedas tener, este es un camino más excelente, este es el camino del Amor, por esta razón el apóstol Pablo dio este consejo a Timoteo, "se ejemplo a los creyentes en ...Amor..." Cuando amamos, muchas actitudes nuestras que producen que nos menosprecien van a desaparecer, cuando somos jóvenes sentimos que nos podemos comer el mundo a mordidas, nos sentimos con toda la fuerza, creemos que sabemos todas las cosas, que podemos solucionar todos los problemas existentes y muchas cosas más, y tal vez algunas de éstas cosas sean ciertas como la fuerza y energía en nosotros, pero esto no es nada si no tenemos amor, he visto a jóvenes llenos de talentos y virtudes en la Iglesia, pero en ocasiones no veo sus habilidades puestas al servicio del Señor o al servicio de la Iglesia, a través de mi vida he visto personas llenas de fuerza que las gastan en divertirse y satisfacerse ellos mismos, otros sirven a otras personas pero con intereses de por medio, no lo hacen por Amor; estas personas aman mucho, pero solamente se aman ellos, todo su amor está concentrado en hacerse bien ellos mismos, y cuando esto sucede la gente observará que es muy capaz, pero de ahí no pasará. Aquellos que sirven sin amor pueden ser muy capaces ante los demás, pero aun no alcanzan aquello que les compensará su falta de experiencia porque tienen ausente el elemento por el cual se vive en el Reino de Dios: "el amor".

Una persona puede que no sepa realizar nada, que sea torpe para muchas cosas, tal vez ignorante en algunas cuestiones, que no tenga experiencia por su edad, pero si está llena de amor podrá vencer todos los obstáculos que se pongan enfrente en la misión de traer el cielo a la tierra, porque "el amor todo lo puede", el amor compensará en gran parte la falta de experiencia, y la congregación dará buen testimonio de dicha persona por el amor que vean en ella.

¿Qué es el Amor?

"El amor es sufrido, es benigno; el amor no tiene envidia, el amor no es jactancioso, no se envanece; no hace nada indebido, no busca lo suyo, no se irrita, no guarda rencor; no se goza de la injusticia, mas se goza de la verdad. Todo lo sufre, todo lo cree, todo lo espera, todo lo soporta. El amor nunca deja de ser..."
1 Corintios 13:4-8

Podemos tener un mejor entendimiento del Amor si lo vemos en dos partes, la 1ra parte en los versos del 4 al 6, y la 2da en los versos 7 y 8

Las características del Amor. (Vrs. 4 al 6)

El sufrimiento y la benignidad van juntos, esto lo podemos apreciar bien al observar que la palabra sufrido y benigno solo están separadas por una coma, pero éstas dos juntas están separadas de las demás palabras por un punto y coma, a través de ésta sección del amor veremos porque razón el apóstol Pablo lo escribió de esta forma.

El amor es sufrido, es benigno...

Cuando alguien ama sufre todo lo que sea necesario para el bien de la persona que ama, al hablar de buscar el bien estamos hablando de benignidad, un ejemplo muy bien aplicado es cuando la mujer está dando a luz un hijo, ella sufrirá dolores de parto pero no le importará lo mucho que le duela el alumbramiento por el amor que tiene para su hijo. El sufrimiento más grande a través de los siglos, mostró el amor más grande que hizo historia, a tal punto que ahora se divide el tiempo en antes y después de él, el amor de nuestro Señor por la humanidad lo llevo a la cruz a sufrir para librarnos de la muerte, solo lo pudo hacer por amor. Cuando estuvo en el Getsemaní sudó Sangre de agonía:

*"Y **estando en agonía**, oraba más intensamente; y **era su sudor como grandes gotas de sangre** que caían hasta la tierra." Lucas 22:44*

Yo imagino que en este momento Jesús pensó en arrepentirse de ir a morir en la cruz, de hecho él le dijo al Padre:

*"...Padre, si quieres, **pasa de mí esta copa**; pero no se haga mi voluntad, sino la tuya."*
Lucas 22:42b

Pero a pesar de encontrarse en esta situación, el Amor que había en Él por nosotros inundó todo su ser de tal forma que lo lleno de fuerza para dirigirse hacia la cruz al saber que era lo mejor para su amada Iglesia.

*"puestos los ojos en Jesús, el autor y consumador de la fe, **el cual por el gozo puesto delante de él sufrió la cruz, menospreciando el oprobio**, y se sentó a la diestra del trono de Dios."*
Hebreos 12:2

Nosotros también tenemos que amar a todos a pesar del sufrimiento; debemos buscar el bien de los demás, interceder por ellos aunque esto implique sacrificar el tiempo de dormir; hagamos lo correcto aunque esto implique que nosotros tengamos que desprendernos de algo propio.

Un día, platicando con un pastor amigo mío me comentó: "muchas veces mi esposa y yo tenemos que ayunar para que nuestros hijos espirituales tengan que comer". Alguien a quien admiro es a mi pastor, él pasó sus primeros 3 años de ministerio sin recibir finanzas de la iglesia porque la congregación necesitaba economía para su crecimiento en ese momento. Así como estos testimonios hay muchos más. No importa lo que tengamos que hacer y lo mucho que nos pueda costar, amemos a nuestro prójimo, amemos a la iglesia de Dios, amemos a nuestro Señor Jesucristo. Este amor no solamente es para que los pastores lo vivan, sino que todo el que ha recibido el amor de Jesús puede darlo, el amor es lo que nos traslada de personas sin experiencia y tomadas en poco a personas que son ejemplo a los creyentes.

Cuando sufrimos por amor, siempre lo hacemos deseando el bien a la persona amada, es por eso que el Amor es benigno, porque al sufrir viene implícita la benignidad. No suframos por cosas malas, cosas terrenales que no valen la pena o como mencionábamos al principio del capítulo "no valen nada", suframos por amor y ahí estará implícita la benignidad.

El amor no tiene envidia, el amor no es jactancioso, no se envanece...

La persona que tiene envidia simplemente muestra su falta de amor; y si tiene falta de amor muestra que no ha conocido a Dios. No debemos de permitirnos a nosotros mismos envidiar a alguien, si te das cuenta que un hermano está recibiendo algo de Dios, alguna bendición sin importar cúal sea, y en lugar de alegrarte te sientes incómodo anhelando ser tu el que esté en el lugar de la persona bendecida; y en tu corazón comienza a gestarse una batalla oculta, o puede llegar a manifestarse dicho descontento en contra de aquel a quien Dios bendijo, ten cuidado, esta es una alerta para nosotros de que nos estamos inclinando hacia la envidia y en consecuencia observamos una manifestación de nuestro vacío de Amor, cuando esto suceda corramos a Dios pidiendo perdón y que nos llene de su Amor, no descansemos hasta ser llenos de Él. Dios es Amor y mientras más nos llenemos de Dios, mayor será la medida de Amor que haya en nosotros.

"Y nosotros hemos conocido y creído el amor que Dios tiene para con nosotros. **Dios es amor**; *y el que permanece en amor, permanece en Dios, y Dios en él."*
1Juan 4:16

Es muy difícil, o mejor dicho, es imposible que una persona que permanece en Dios sienta envidia, pero es muy común que las personas que no permanecen en Dios el sentimiento de la envidia esté en ellos, cuando contemplemos la envidia en nuestras vidas tomémoslo como una alerta para correr a Dios, pedir perdón, humillarnos delante de Él, contemplar su gran Amor hacia nosotros y permanecer en él.

Estamos combatiendo contra el menosprecio que pueda existir hacia la juventud, y por eso damos lo necesario para que los jóvenes lo realicen y vivan, esto va a compensar su falta de experiencia tanto en la vida terrenal como en la senda espiritual. La envidia puede detener este avance de la juventud hacia el ser ejemplo a los creyentes, ya que cuando una persona siente envidia se produce una inconformidad negativa hacia él mismo, comienza a tenerse en poco y muchas veces se amarga, y después vemos adultos irritados que tuvieron muchos sueños de jóvenes pero la gran mayoría de ellos se frustraron. La prevención y la solución para este fenómeno es llenarnos de Dios, buscar el amor de Dios y recibirlo, el amor no tiene envidia, es decir, cuando estés lleno del amor de Dios mostrarás amor genuino y no envidiaras a nadie sino que podrás alegrarte con los creyentes bendecidos, tendrás una vida feliz y llena de gozo; muchos creyentes serán contagiados por tu amor. Esto es dar ejemplo a los creyentes.

La jactancia y el envanecimiento es un punto al cual debemos de ponerle mucha atención en nuestras vidas. En el caminar cristiano muchas veces al ir avanzando y creciendo, el creyente puede llegar a creer que va más adelante que otros creyentes, incluso puede llegar a menospreciar a algunos hermanos. En la juventud se puede llegar a presentar mucho esta actitud, pero solo se está manifestando falta de amor.

Si un hombre podía jactarse de ser alguien, ese era Jesús, pero Él nos amó con amor eterno y se entregó por nosotros. Hoy cualquiera puede recibir su amor. Esto me parece maravilloso. La gente se puede jactar de ser mejor que otro pero nuestro Dios nunca se jactó sino que se humilló, se rebajó, siendo celestial se hizo hombre, solo para tener contacto con nosotros para toda la eternidad; sin duda no hay ejemplo mayor para el amor. Imitemos a nuestro Señor Jesucristo y nuestra vida será plena en gran manera.

No hace nada indebido, no busca lo suyo, no se irrita, no guarda rencor...

Bien decía San Agustín: "Ama y haz lo que quieras", cuando lo que te mueve es el amor, puedes hacer y deshacer pero nunca lastimarás, si con alguna acción tuya dañaras a los que amas no te atreverás a repetirlo, porque el poder del amor que hay en ti te lo impedirá, el amor solo te llevará a realizar el bien, "el amor es benigno".

Cuando hablamos de que "el amor no busca lo suyo" no significa que solo vas a buscar el bien de aquellos a quien amas y vas a descuidarte tú, claro que no; sino que el amor está dispuesto a buscar el bien de los demás antes que el propio, pero no por esto vas a dejar de preocuparte de ti mismo. También podemos apreciar que cuando existe el amor todo lo que se realice será desinteresado. Si existen intereses propios al servir a alguien, saludar a cierta persona, etc., lo más seguro es que tarde o temprano ésta persona dé la espalda al no conseguir lo que buscaba o alejarse al conseguirlo; pero cuando hay amor no importará si hay recompensa o no, siempre se seguirá fiel y se seguirá amando por que el verdadero amor es eterno.

El amor no se irrita, la nueva versión internacional lo traduce como: "no se enoja fácilmente". Cuando alguien está enamorado está dispuesto a perdonar muchas desavenencias, inclusive cosas que si alguien a quien no amas lo hiciera te enojarían, pero cuando la persona que amas lo hace estás dispuesto a pasarlo por alto. Así debe ser nuestro amor para la Iglesia y para nuestro prójimo, pasemos por alto sus errores hacia nosotros y perdonemos, a nosotros se nos ha perdonado mucho, inclusive muchas faltas por las cuales deberíamos de haber sido juzgados por Dios, en su amor las pasa por alto, porque si tomara en cuenta todo lo que realizamos ya estaríamos fulminados por su ira, pero él es bueno, misericordioso y nos ama, también nosotros tengamos paciencia y amemos a nuestro prójimo, imitemos a nuestro Dios:

*"Y pasando Jehová por delante de él, proclamó: ¡Jehová! ¡Jehová! fuerte, **misericordioso y piadoso; tardo para la ira, y grande en misericordia y verdad**."*
Éxodo 34:6

Cuando alguien ama no guarda rencor, prefiere perdonar para estar con la persona amada que tener rencor y estar lejos de ella, prefiere perdonar que no hacerlo y perder lo que ama, es más grande el amor que su rencor o su dolor. Llenémonos de amor y el dolor que se haya provocado nunca nos destruirá.

No se goza de la injusticia, mas se goza de la verdad...

Nuestro Dios es Amor, es justo y es verdadero, estos tres elementos en nuestro vivir van de la mano, alguien que no Ama tendrá una tendencia hacia la injusticia, no dará lo que cada quien se merece, ya sea recompensa o disciplina.

> *"Porque Jehová al que ama castiga,*
> *Como el padre al hijo a quien quiere."*
> *Proverbios 3:12*

La nueva versión internacional dice:

> *"Porque el Señor disciplina a los que ama, como corrige un*
> *padre a su hijo querido."*
> *Proverbios 3:12*

Con este versículo quiero expresar que cuando el hijo merece disciplina o ser corregido, es necesario que se le dé la corrección porque de otra forma sería injusto; y al contrario funciona de la misma forma, si el hijo merece recompensa, es necesario que se le dé la recompensa; si no fuera así también sería injusto, aquí vemos que aquel que ama será justo en sus actos, nunca se deleitará en observar el esfuerzo y la entrega de alguien y ver que se quede sin recompensa alguna, tampoco podrá permitir que alguien realice un mal acto y no reciba disciplina, esto se mueve con base en el Amor, por el bienestar de los seres amados, todos saben que es mejor que el niño sea corregido para que en su futuro no batalle con rebeldía y malas acciones, también sabemos que el niño necesita ser estimulado en aquello que lo amerite para que sienta que su esfuerzo vale la pena y tiene gran valor; en cualquier aspecto, el amor nos llevará a actuar con justicia y a aborrecer la injusticia.

El amor se goza de la verdad, lo que es imitación no proviene del amor, no puede haber amor con caretas, disfraces o máscaras, si fuese así entonces no sería amor, solo tendrías un disfraz de amor pero ¿qué será lo que está detrás del disfraz que no quiere darse a conocer?, no podemos imitar al amor, porque esto no sería amor, tenemos que aventurarnos a amar y ser sinceros en nuestro actuar hacia los demás.

Cuando una persona te ama te dirá la verdad sin importar cual sea, se atreverá a hacerlo por tu bien. Alguien que no te ama no le importará que te des cuenta de tu error ya que no le duele verte en fracaso ni quiere tu éxito ni tu bien. Piensa en alguna vez que mamá o papá te dijeron: ¡qué horrible te ves con esa ropa!, o tu amigo cercano te dijo: no seas tonto esa muchacha no te quiere, o recuerda alguna ocasión en la cual alguien te haya confrontado y te haya hecho ver que estabas en un error, esa persona que te hizo ver la realidad sin importar que tal vez te enojaras te ama y busca tu bien.

Podrás saber cuánto has avanzado en el Amor según la cantidad de mentiras que has dejado de decir. Muchas personas cuentan mentiras sin ninguna razón, o tal vez por miedo de lo que pasaría al saberse la verdad; pero esto solamente es muestra de la falta de amor que existe en cierta persona, tampoco podemos decir, yo miento por amor porque temo que la verdad duela mucho, el apóstol Juan mejor conocido como el Apóstol o Discípulo Amado nos habla bien claro al respecto:

*"**En el amor no hay temor**, sino que **el perfecto amor echa fuera el temor**; porque el temor lleva en sí castigo. De donde el que teme, no ha sido perfeccionado en el amor." 1Juan 4:18*

La medicina para que nuestra boca no hable mentiras, e incluso para que nuestra mente deje de maquinar mentiras es amar. El amor verdadero lo encuentras en Dios porque él es el amor. Todo nos lleva a

Dios, es decir, una vida que realiza todo para llegar a Cristo es una vida genuinamente cristiana.

¿Qué sucede cuando existe Amor? (Vrs. 7 y 8)

"Todo lo sufre, todo lo cree, todo lo espera, todo lo soporta. El amor nunca deja de ser..."
1Corintios 13:7-8

No hay cosa existente que el amor no pueda sufrirlo más, no existe dolor tan grande que el amor no pueda soportar, no existen fantasías tan llenas de imaginación que el amor no pueda creer, no existe tiempo suficiente que el amor no pueda esperar y no existe peso alguno que no pueda soportar.

Como ejemplos vivos entre los creyentes...

Debemos de sufrir lo que sea necesario por Cristo, la Iglesia y el prójimo.

Debemos creer toda la palabra de Dios, tal vez se escuche un poco fantasioso que Jesús vive dentro de nosotros, y que podemos vivir el cielo en la tierra, pero debemos creerlo y aferrarnos a esto, porque claramente se dijo en la Escritura que la gente se salvaría por la locura de la predicación. Para muchos lo que predicamos será una locura, una fantasía o un sueño, pero para nosotros es realidad y cada vez son más aquellos que son alcanzados por esta locura; y cada vez son más los que creen en Jesús y están siendo transformados a la imagen de Cristo. Amemos la Palabra y establezcamos el reino de los cielos en la tierra.

Esperemos lo que sea necesario para que la obra de Dios se cumpla en nosotros. Jesús muestra su amor por la Iglesia de una manera preciosa. Desde que creó al hombre en el Edén, Jesús está conquistando a la Iglesia y aproximadamente ya han pasado 6000 años y todavía sigue conquistándola, y lo seguirá haciendo hasta que la Iglesia este conquistada en toda su plenitud en las bodas del Cordero que nos habla Apocalipsis 19:7, esto es una gran muestra de amor. Si Jesús puede esperar más de 6000 años a su novia por amor, (recordemos que hoy Jesús vive en nuestro interior), entonces nosotros también podemos esperar hasta que la obra de Dios sea hecha en nuestra vida completamente.

Soportemos todo tipo de responsabilidad que nos sea puesta, llevemos las cargas, peticiones de oración de nuestros hermanos y también llevemos la salvación de los perdidos sobre nosotros. Cuando venga la tentación a tu vida recuerda que el amor que le tienes a Dios todo lo puede soportar, si viene presión sopórtala por amor, si viene desilusión, crisis, depresión, dolor, angustia, abundancia, gozo, bendición, todo lo que venga sopórtalo y sigue amando a Jesús.

El Amor nunca deja de ser...

Cuando amas a alguien nunca te arrepentirás, si ya has conocido el amor de Dios no te podrás alejar de Él nunca, esta frase no está expresando un "quizá nunca deje de ser", o un "tal vez se acabe", NO, nada de eso, lo que está expresando es que es eterno, nunca se acabará, no hay vuelta de hoja, así será en tu vida desde hoy y para siempre, no temas porque no te alejaras de Dios una vez que hayas experimentado el amor, cuando venga la duda recuerda que el amor nunca deja de ser, si sufriste una caída recuerda que el amor nunca deja de ser y así como al principio Dios te amó y te salvó hoy te sigue amando y te levantará, cuando no sientas a Dios recuérdalo, cuando te veas en dificultad recuérdalo, cuando no puedas mas recuerda que el te ama y hará todo para salvarte y hacerte bien. Es una palabra que debemos grabar en nuestra mente, corazón y en nuestro vivir cotidiano: "EL AMOR NUNCA DEJA DE SER".

Muévete por el Amor

"...arraigados y cimentados en amor..."
Efesios 3:17

Todo lo que realicemos debe de estar cimentado, es decir fundamentado o motivado, y este cimiento debe ser el amor, no realicemos algo sin amor. Dios es amor, busquemos siempre que la manifestación más fuerte y poderosa de Dios que es el amor sea la que nos impulse a movernos en toda nuestra vida.

Capítulo 5
Ejemplo en Espíritu

L as mejores versiones o traducciones de la Biblia no mencionan en 1 Tim 4:12 la palabra "espíritu" así como lo menciona la versión Reina Valera 1960, pero no queda de más hablar acerca de que Espíritu debe tener la juventud.

La juventud debe tener un espíritu lleno de vida y de poder. Que la juventud busque la llenura del Espíritu Santo, el Bautismo en el Espíritu Santo, los dones y sobre todo la misma presencia de Dios es indispensable para ser un ejemplo modelo que exprese la vida celestial.

Los grandes siervos de Nuestro Señor pasan por desiertos hasta que su forma de ver las cosas se transforme en una mentalidad espiritual, una mente renovada, la mente de Cristo.

Mentalidad terrenal.

Cuando el pueblo de Israel caminó en el desierto y por primera vez estuvo enfrente de la tierra prometida no se atrevió a entrar, Dios estaba con ellos y si hubieran entrado Dios les habría entregado la tierra, pero el pueblo tenía una mentalidad de esclavo, tenían la mentalidad que Egipto les había formado. Egipto es tipo o símbolo del mundo, tristemente el pueblo de Israel tenía una mentalidad según el mundo, es decir; según lo terrenal.

Ésta mentalidad no les permitió entrar a la tierra prometida; no les permitió tomar lo que Dios les había dado; los trajo 40 años en el desierto y con esto entretuvieron a Dios 40 años para que su voluntad se cumpliera; los hizo renegar de la provisión de Dios; murmurar; pecar; y para no hacerlo más largo, todos los poseedores de la mentalidad terrenal murieron.

En la actualidad podríamos traducirlo de esta forma:

La mentalidad terrenal nos impide vivir la Palabra de Dios (la Biblia); No podemos vivir la gran vida que Dios nos ha dado, ni disfrutar la herencia que se nos ha dado ya en Cristo; experimentamos una y otra vez lo mismo sin poder salir victoriosos y con esto estamos retrasando que la voluntad de Dios se realice en nuestras vidas(esto es retrasar a Dios en su obra); no estamos satisfechos con lo que Dios nos da; hablamos mal de nuestros hermanos y líderes; pecamos; y lo que esto va a traer es fracaso y muerte.

Un principio que nadie puede brincar ni pasar por alto es el siguiente: "Para tener una mentalidad espiritual necesita morir la mentalidad terrenal", es por eso que el pueblo de Israel duró 40 años en el desierto hasta que murieron todos aquellos con este tipo de mentalidad, y cuando ya no quedo ni uno con mentalidad terrenal pudieron entrar a la tierra prometida.

La tierra en la Biblia es tipo de vida, si hablamos de conquistar una tierra prometida estamos diciendo que vivamos las promesas que Dios nos ha dado.

Puesto que el tema de la mentalidad terrenal es extenso y el describirlo nos ocuparía bastante espacio y desviaría nuestro tema principal lo resumiré de la siguiente manera: "La mentalidad terrenal es pensar como se piensa en la tierra". En capítulos anteriores he tocado el principio del reino que nos dice que no somos de este mundo, somos del cielo, entonces debemos de pensar como se piensa en el cielo. Si pensamos como se piensa en el cielo nunca pensaremos como la tierra lo hace, mientras busquemos desenvolvernos como se vive en el cielo ya tenemos mucho de avance y entonces cada vez nuestra mentalidad terrenal se estará muriendo hasta que ya no tenga poder en nosotros. A continuación te comparto algunos versículos que te ayudarán a tener una mayor comprensión al respecto:

"No os conforméis a este siglo, sino transformaos por medio de la renovación de vuestro entendimiento (nuestra mentalidad), para que comprobéis cuál sea la buena voluntad de Dios, agradable y perfecta."
Romanos 12:2

Mientras nuestra mentalidad está siendo renovada, nosotros somos transformados según se va efectuando la renovación en nosotros.

*"nos salvó, no por obras de justicia que nosotros hubiéramos hecho, sino por su misericordia, por el lavamiento de la regeneración y por **la renovación en el Espíritu Santo.**"*
Tito 3:5

Los israelitas no tomaron la tierra la primera vez porque ellos no podían tomarla en sus fuerzas o por sus hechos, es por eso que tuvieron temor, pero aquí vemos claramente que no somos salvos por lo que nosotros podamos realizar si no por el lavamiento de la regeneración y la "renovación en el Espíritu Santo", solo tenemos que obedecer y el Espíritu de Dios se encargará del resto.

Mentalidad espiritual

Tener una mentalidad espiritual es creer que existe algo más que solo la tierra, es creer que existe un reino celestial o podemos llamarlo también Reino de luz. Existe también un intento de reino de tinieblas, digo intento porque solo es una imitación, satanás solo imita lo que Dios ya ha creado porque no tiene poder para crear, solo Dios es el Creador de todas las cosas, todo lo que existe es creación de Dios y si el enemigo hace o realiza algo, solo fue imitación de lo que Dios ya había creado. La mentalidad espiritual está consciente de que por encima de lo que sucede en la tierra está obrando algo espiritual, sea bueno o malo. Las personas con mentalidad espiritual buscarán a Dios para ser renovados cada vez más en sus mentes con la convicción de que cada día vivirán mas la vida de Dios.

El tener una mentalidad espiritual es aquello que nos llevará a un desarrollo en el Espíritu impresionante. Comienza a observar las cosas en el Espíritu, déjate guiar por el Espíritu de Dios, si Dios dice que te ha dado una tierra donde fluye leche y miel, tú entra por ella y si hay gigantes sácalos y destrúyelos porque están en tu territorio, pelea por la tierra que Dios te ha dado, deja la mentalidad de esclavo y conviértete en un guerrero, los guerreros pelean, vencen y conquistan. Dios tiene una herencia maravillosa para sus hijos, tiene una vida grandiosa y hermosos propósitos para cada persona, una de las cosas a las cuales Dios está llamando a la juventud es a ser ejemplo a los creyentes, tú puedes unirte hoy a aquellos jóvenes que con sus vidas buscarán que la mala imagen que se haya podido proporcionar de la juventud sea erradicada de la historia y se levante una generación que dé testimonio de la vida de Jesús en ellos, siendo ejemplo en todo lo que realice. Es tiempo de que alguien se atreva a quitarse de encima el nombre de la generación X y sea tanto un ejemplo como un testimonio vivo de que existen jóvenes que están dispuestos a dar su juventud y vida a Dios y a engrandecer el nombre de su Señor en la tierra. Busca esta nueva tierra, camina en esta nueva vida y si te topas gigantes que no te quieran dejar avanzar, pelea, vence y sal adelante, no importa el gigante o monstruo que sea, el desanimo, el pecado, la depresión, irresponsabilidad, apatía, hábitos ocultos o cualquier otra cosa, si Dios está contigo, ¿Quién contra ti?, la respuesta es: NADIE, si es necesario pelea violentamente contra aquello que no te permita avanzar en esta tierra prometida y vida nueva, golpea al infierno con violencia al proyectar una vida celestial, golpéalo con rayos de luz y verdad que alumbren toda tiniebla, en la guerra tal vez seas herido, recibas ataques o caigas alguna vez, pero levántate una vez más; te podrán vencer una batalla pero la guerra ya la tenemos ganada en Cristo Jesús. Seamos ejemplo y vivamos la vida que Dios tiene para nosotros.

El fruto del espíritu.

Imagina dos árboles de naranjas con el mismo tiempo de vida en una tierra muy difícil para la siembra y el crecimiento de plantas, los dos árboles están juntos, después de un tiempo uno de los árboles tiene mucho fruto y el de al lado no tiene nada, el árbol sin fruto no estará mostrando un buen crecimiento, observamos que su testimonio no es el deseado y el dueño del árbol no lo puede poner como ejemplo de que sí se puede tener buen fruto en esta tierra tan difícil, pero por el contrario el otro árbol es un vivo ejemplo de que no importa si la tierra y el ambiente donde se encuentra el árbol es difícil o no, ya que el árbol tuvo un buen crecimiento con mucho fruto. Nosotros debemos tener en cuenta que para ser ejemplo en Espíritu tenemos que tener el fruto del Espíritu, Pablo habla de este tema a los Gálatas:

"Mas el fruto del Espíritu es amor, gozo, paz, paciencia,
benignidad, bondad, fe, mansedumbre, templanza;
contra tales cosas no hay ley."
Gálatas 5:22-23

Este es el fruto del espíritu y podemos decir que tiene 9 características que lo definen como tal. Volvamos al árbol de naranjas, cuando observamos este árbol podemos saber que tiene fruto porque dio algo de él que tiene características que nos dicen a nosotros que tipo de fruto es, es decir; vemos un árbol al cual le brotó algo con forma circular de dos o tres centímetros de radio, de color naranja, y que una cáscara está cubriendo lo que hay en el interior, estas son algunas características por las cuales distinguimos que dicho árbol tiene fruto de naranjas, pero esto no significa que cada característica es un fruto diferente sino que todas juntas forman un fruto llamado naranja. Pablo nos habla del fruto del Espíritu y luego nos dice como identificarlo, no es que el amor sea un fruto y la fe otro diferente sino que los nueve elementos forman el fruto del Espíritu, todos los elementos son un solo fruto, si faltase uno de estos entonces no es el fruto del Espíritu, sería como si dijéramos que cierto fruto tiene todos los elementos que lo hacen naranja excepto su tamaño ya que es como de medio centímetro de radio, entonces no sería naranja sino tal vez estaríamos hablando de una lila seca, en la falta de un solo elemento el fruto puede ser totalmente diferente. Podemos decir que el naranjo da naranjas y que el Espíritu da amor, gozo, paz, paciencia, benignidad, bondad, fe, mansedumbre y templanza; el fruto del naranjo son naranjas y el fruto del Espíritu es una vida que la ley no puede condenar, éste es el fruto del Espíritu. Entonces no son nueve los frutos del espíritu sino solo es uno y tiene nueve elementos que lo conforman. Al observar esto quiero decir que aquellos que reflejen todos los nueve elementos serán ejemplo en Espíritu. Tal vez algunos estén pensando que es mucha exigencia, pero la verdad no hay exigencia alguna pues lo normal en un naranjo es que si tiene vida y los cuidados pertinentes crecerá y dará su fruto sin ninguna complicación, el ser humano tiene que ser nacido del Espíritu y así tendrá la vida del Espíritu, debemos de observar y cuidar nuestra manera de vivir para crecer y dar el fruto del Espíritu, no tenemos que esforzarnos por vivir los nueve elementos, solo busquemos la vida del Espíritu y que sea Él quien nos guíe en nuestro vivir, y lo natural será que demos un buen fruto espiritual que manifieste en plenitud el AMOR, GOZO, PAZ, PACIENCIA, BENIGNIDAD, BONDAD, FE, MANSEDUMBRE Y TEMPLANZA.

Recuerda que nuestra mentalidad debe ser espiritual y no terrenal, para nosotros sería imposible que esto sucediera y no podríamos alcanzarlo, solo tenemos que creerle a nuestro Dios y Él nos entregara este fruto.

El hecho de que solo tenemos que creerle a Dios no significa que no tengamos que realizar nada, si bien es cierto que no podemos alcanzarlo humanamente, si podemos alcanzarlo por la fe y la fe es activa, al creerle a Dios el nos enseñará, nos guiará y nos impulsará a realizar lo necesario para poseer una mentalidad espiritual y tener una vida celestial

*"Solamente **esfuérzate y sé muy valiente**, para cuidar de hacer conforme a toda la ley que mi siervo Moisés te mandó; no te apartes de ella ni a diestra ni a siniestra, para que seas prosperado en todas las cosas que emprendas." Josué 1:7*

*"**Esfuérzate, y esforcémonos** por nuestro pueblo, y por las ciudades de nuestro Dios; **y haga Jehová lo que bien le pareciere.**"*
2Samuel 10:12

Dios nos manda a que vivamos siendo ejemplo a los creyentes para que nadie tenga en poco nuestra juventud, tomemos esta tierra (vida) sin importar lo difícil que pueda llegar a ser la conquista y sin importar los enemigos que nos hagan frente, esforcémonos, seamos valientes y tomemos la tierra que Dios nos quiere dar, vivamos la vida divina que Dios quiere que manifestemos, seamos ejemplo y que Dios haga lo que bien le parezca.

Dios es Espíritu, nosotros tenemos que ser ejemplo en Espíritu.

"Dios es Espíritu..."
Juan 4:24a

Dios es real, es más real que cualquier ser vivo, es más real que todo lo creado y que todo lo que existe, existió y pueda existir. He escuchado una frase que detiene y arruina toda esperanza de vida sobrenatural: "ver para creer", estas tres palabras las junto satanás para encadenar al ser humano a lo terrenal, trayendo así un pensamiento de: *solo lo que se puede ver en la tierra es real,* esta es una gran mentira que se ha divulgado en la sociedad y tenemos que destruir este pensamiento en nuestra vida si acaso hemos sido contaminados por él. Sin contradecirme puedo decir que éste pensamiento es verdadero y sólido para el mundo espiritual, pero el enemigo lo ha divulgado de una forma totalmente distorsionada para atar al ser humano a lo terrenal, recordemos que él solo es un imitador, su propósito solo es hurtar, matar y destruir la vida celestial que puedes tener. Solo lo que se ve en el Espíritu es real aunque no se pueda contemplar en la tierra, lo Espiritual es más real que lo terrenal ya que lo que sucede en lo terrenal es consecuencia de lo que sucede en lo Espiritual. Si puedes observar algo en el Espíritu créelo a pesar de que aun no lo veas en la tierra, no te dejes llevar por lo que observas en la tierra, recuerda que las apariencias engañan, solo déjate guiar por lo que puedes observar en el espíritu. (Mas adelante explicare de forma sencilla como ser guiado por el Espíritu).

Todo lo que existe y que podemos ver fue creado por alguien, no podemos decir que la Mona Lisa es real pero el artista que firmó y creó la obra no existe, si la obra maestra existe y es real es porque el creador también existió y fue real. Dios creó todas las cosas y sería una incoherencia decir que Dios no existe ya que Él creó los cielos, la tierra y toda la creación

"En el principio creó Dios los cielos y la tierra."
Génesis 1:1

En los primeros capítulos del Génesis vemos que Dios fue el autor de toda la creación, esto me dice a mí que Dios es real e incluso más real que toda la creación existente. Dios es Espíritu, por eso los ojos de carne no lo pueden ver, los ojos carnales ven cosas terrenales pero esto no significa que Dios no exista, el existe tanto que creó todas las cosas y las sostendrá hasta que sea su voluntad. Si queremos ser ejemplo en el Espíritu debemos comprender bien esta verdad.

Sé sincero contigo mismo y detente para preguntarte si realmente crees que Dios es más real que todo lo que puedes contemplar con tus ojos. Sea cual sea tu respuesta se sincero con Dios, si lo crees díselo y pídele que te abra aun más la visión espiritual para poder comprender la enseñanza de su Palabra por el Espíritu y si tu respuesta fue que no estás seguro y tal vez te encuentres titubeante o si de plano no lo puedes concebir, te invito a que se lo expreses al Señor, sé sincero y pide que te abra los ojos espirituales para conocer la realidad y al seguir adelante podrás contemplar cada vez más la realidad divina de nuestro Dios.

Andando por el Espíritu

*"Mas el fruto del Espíritu es amor, gozo, paz, paciencia, benignidad, bondad, fe, mansedumbre, templanza; contra tales cosas no hay ley. Pero los que son de Cristo han crucificado la carne con sus pasiones y deseos. Si vivimos por el Espíritu, **andemos también por el Espíritu.** No nos hagamos vanagloriosos, irritándonos unos a otros, envidiándonos unos a otros."*
Gálatas 5:22-26

Cuando Dios nos formó nos creó con sus manos del polvo de la tierra y después soplo aliento de vida en nosotros

*"Entonces Jehová Dios formó al hombre del polvo de la tierra, **y sopló en su nariz aliento de vida,** y fue el hombre un ser viviente."*
Génesis 2:7

La palabra que se usa para aliento en el texto hebreo es *"neshamá"* y no nos equivocamos si lo traducimos como Espíritu, entonces vemos que Dios ha depositado una parte de su Espíritu en nosotros siendo esto lo que nos da la vida, pero las cosas no quedan ahí sino que debemos de andar también según el Espíritu, cuando no conocíamos a Dios nuestro espíritu estaba muerto, pero al creer en Jesús como nuestro Salvador e invitarlo a vivir dentro de nosotros, es entonces que nuestro espíritu se vivifica y nos comienza a guiar a toda verdad y a caminar por el senda espiritual correcta a través de la dirección del Espíritu Santo.

Para conocer cómo podemos andar en el Espíritu necesitamos un estudio de gran profundidad, pero para hacerlo práctico y fácil de comprender con respecto a nuestro tema, vamos a decir que el Espíritu es aquella voz interior que nos habla en lo profundo de nuestro ser, es aquella voz que escuchamos antes de cometer pecado y nos dice que no lo hagamos, aquella voz que escuchamos en lo profundo de nuestro ser que nos lleva a pedir perdón cuando nos equivocamos, cuando hay algo(mejor dicho alguien) que te dice que debes orar, leer la Biblia, ayudar a alguien, hablarle a alguien de Jesús, aquello que te dice que debes ser responsable, en pocas palabras aquello que te mueve a realizar la voluntad de Dios es a lo que nos estamos refiriendo, éste es el Espíritu en el cual debemos de andar. El Espíritu nos guía desde nuestro interior porque es ahí donde habita.

Siendo sinceros, cada decisión que tomamos en el transcurso de nuestro día estamos conscientes si es algo que a Dios le agrada o le desagrada, debemos de disciplinarnos para realizar todo lo que ha Dios le agrade, incluso muchas veces pudimos haber tenido una mala actitud y al instante te sientes incómodo, culpable y con un peso que te aplasta el pecho, no es otra cosa sino el Espíritu que te esta redarguyendo de pecado, debemos de poner atención en cada una de estas experiencias ya que si reconocemos la voz del Espíritu cuando nos habla, nos redarguye, o nos dice que hacer o que no hacer, aunque nuestro deseo sea contrario podremos obedecerlo y andar según el Espíritu y si identificamos que estamos siendo redargüidos por alguna falla debemos arrepentirnos de inmediato y nunca más volverlo a hacer.

Quiero tocar algunos puntos importantes que te llevarán a experimentar una vida en el Espíritu en cuestión de tu caminar diario.

La victoria de Cristo es espiritual

Cristo venció en la cruz toda obra del infierno en contra nuestra, en otras palabras todo aquello que nos haga daño fue vencido en la cruz del calvario por nuestro Señor Jesucristo, esta victoria la tenemos en la dimensión espiritual, no la puedes ver pero es real, es más real que nuestra experiencia y que nuestra propia vida. En capítulos anteriores hemos visto que Jesús vive dentro de nosotros, esto es real y es hecho en lo espiritual; entonces, cuando venga la dificultad, la tentación, el problema, la adversidad, la enfermedad, etc., solo tenemos que creer que Jesús vive en nosotros y que su vida está en nosotros, aquel Jesús que venció en la cruz a todo pecado y obra del mal es aquel que está viviendo en nuestros corazones:

"para que habite Cristo por la fe en vuestros corazones, a fin de que, arraigados y cimentados en amor..." **Efesios 3:17**

Cuando venga la dificultad solo aférrate a vivir según el Espíritu que está dentro de ti porque él ya venció y te ha dado la victoria, libera el poder de Jesús que está en ti y contempla como el poder del diablo se comienza a esfumar hasta no quedar rastro alguno, al ver la gloria y el poder de Jesús triunfando no podrás dejar de alabarle y darle gloria, solo vivirás para Él.

Todo lo que nos encontramos en la palabra de Dios tal vez no se puede observar en el mundo terrenal, pero al saber que la palabra de Dios es espíritu esto quiere decir que ya está en la dimensión espiritual y solo tenemos que creerlo para que se manifieste en la dimensión terrenal.

Es en el Espíritu que somos llenos de Dios

*"para que habite Cristo por la fe en vuestros corazones, a fin de que, arraigados y cimentados en amor, seáis plenamente capaces de comprender con todos los santos cuál sea la anchura, la longitud, la profundidad y la altura, y de conocer el amor de Cristo, que excede a todo conocimiento, **para que seáis llenos de toda la plenitud de Dios.»*** Efesios 3:17-19

Tal vez alguien diga o piense que no es capaz de vivir una vida según el Espíritu pero recordemos las palabras del apóstol Pablo: "nadie tenga en poco tu juventud", mucho menos la puedes tener en poco tú mismo, esta vida es para todos aquellos que aman a Jesús y creen en Él, Jesús te dice: *Si puedes creer, al que cree todo le es posible. Marcos 9:23 (paráfrasis).*

Cuando creemos que Cristo vive en nuestro interior y que todo lo que Él es está en nosotros, cada vez que meditemos en esto, la plenitud de Dios se va a revelar a nosotros y se manifestará en nuestra vida de una forma maravillosa. Hay días los cuales dedico a estar en comunión con Jesús con profunda oración, lectura de la Palabra y adoración en los cuales Jesús me ha mostrado en su gracia facetas de Él que no conocía. Al levantarme y seguir mi caminar comienzo a ver que aquello que se me permitió conocer en los tiempos de comunión inunda mi ser haciéndose parte de mí. Así es la forma en que estás siendo transformado a la imagen de Jesús y siendo lleno de su plenitud.

Quiero aclarar que Cristo habita por la fe en nosotros, no hay otro medio, esto se comienza por la fe, algunos lo podrán experimentar y otros no, la diferencia será que uno tuvo fe de que Cristo puede vivir en él y el otro no la tuvo.

También es de gran importancia resaltar que Él vive en nosotros para que estemos arraigados y cimentados en amor, es lo primero que Jesús traerá a nuestra vida, sin este cimiento no podremos conocer la anchura, longitud, profundidad y altura, esto es lo que nos debe mover a buscar a Dios, nuestro amor por Él, y entonces podremos conocer el amor de Cristo que excede todo conocimiento humano, esto incluye al amor que el ser humano conoce, y según la medida del amor de Cristo que haya en nosotros será la llenura de la plenitud de Dios que tendremos. Sigamos estos principios bíblicos y seamos ejemplos en Espíritu.

La casa de Dios

"Porque así dijo el Alto y Sublime, el que habita la eternidad, y cuyo nombre es el Santo: **Yo habito en la altura y la santidad, y con el quebrantado y humilde de espíritu, para hacer vivir el espíritu de los humildes, y para vivificar el corazón de los quebrantados.***" Isaías 57:15*

Toda la gloria de la que hemos hablado en este capítulo con respecto al espíritu solo la podremos vivir si Dios habita en nosotros, la palabra "habitar" hace alusión a cuando una persona habita en su hogar, cuando Dios habita en nosotros lo que está pasando es que nos ha hecho su casa, su lugar propio. Entendamos bien esto, las aves del cielo viven en nidos y árboles, los osos tal vez vivan en cuevas, las personas de la ciudad acostumbran a vivir en casas, pero Dios vive en el espíritu quebrantado y humilde, aquí es donde Dios encuentra reposo y descanso, aquí Dios encuentra su habitación.

Necesitamos tener un espíritu quebrantado y humilde para que Dios viva en nosotros, de lo contrario no habrá en nosotros vida espiritual ya que Dios *"vivifica el corazón de los quebrantados"*, y si no tenemos vida en el espíritu mucho menos seremos ejemplo en Espíritu porque no hemos nacido de él, y alguien que aun no nace nadie lo conoce.

Dios no le va a dar su poder ni va a llenar con su plenitud a los soberbios que no creen en Él y que hacen lo que les da la gana o que nunca le consultan. ¿Cómo se le puede dar algo tan valioso y preciado a alguien que ni siquiera quiere Amar al Señor? Dios primero probará tu corazón y si está quebrantado y humilde entonces vivirá en ti y te llenará con su plenitud.

Si no has experimentado la vida en el Espíritu de la que hemos hablado te invito a que te rindas ante Dios y clames a Él para que comience a trabajar en tu vida y te transforme en una persona quebrantada y humilde. Ora diciéndole: "Señor, necesito y quiero conocerte de forma real, sé que debo estar quebrantado y ser humilde pero no sé cómo lograrlo, quebrántame y enséñame a ser humilde, quiero conocerte".

Capítulo 6
Ejemplo en FE

"Es, pues, la fe la certeza de lo que se espera, la convicción de lo que no se ve. Porque por ella alcanzaron buen testimonio los antiguos."
Hebreos 11:1-2

¿Has observado la fe de un niño pequeño? Lo que los padres le digan para él es la verdad. He conocido niños que creían que Santa Claus les traía los regalos en navidad porque sus padres se lo decían, pero cuando se dan cuenta que Santa Claus no existe sino que sus padres son los que compran los regalos lloran y se sienten defraudados, éste es solo un ejemplo muy sencillo para describir la gran fe con que los seres humanos nacen y como las tinieblas se empecinan en robar poco a poco éste gran don que Dios dio al hombre. Me atrevo a decir que la fe es un diseño divino en el hombre ya que éste nace con ella y siempre el hombre está inclinado a creer en algo más de los que sus ojos pueden observar, pero mientras más se desenvuelve el ser humano en el mundo, este diseño va siendo degenerado por las artimañas del diablo. El hombre no deja de tener fe en el transcurso de su vida sino que generalmente su fe se distorsiona enfocándose en lo que satanás quiere que crea, es decir; la gente a veces tiene más fe para creer que se va a enfermar que para creer que Dios la sana, su fe está distorsionada, es una distorsión total creer que el cambio de clima tiene más poder para enfermarte que el poder que tiene Dios para sanarte y mantenerte con salud, ya que el clima y toda la creación fue creada por Él. No significa que el ser humano sea malo, sino que se ha sentido defraudado muchas veces y su fe se debilita y se enfoca en cuestiones que no van conforme la voluntad de Dios; es por eso que en éste capítulo estaremos observando cómo volver al diseño divino con el cual fuimos creados, para tener una fe que sea ejemplo a los creyentes, te invito a que abras tu corazón para que juntos busquemos día a día una fe ejemplar.

La certeza de lo que se espera...

La Biblia Peshita es una muy buena versión de las Escrituras y sé que nos traerá más luz para entender mejor este pasaje:

"Ahora bien, **la fe es la convicción de las cosas que se esperan como si ya fueran realidad,** *y es la revelación de las cosas que no se ven."*
Hebreos 11:1 (VPESHITA)

Analicemos la fe que tuvimos en el momento que nos arrepentimos de nuestros pecados, primero debimos reconocer nuestro pecado, luego corrimos a arrepentirnos y pedir a Dios que nos limpiara de todo pecado y de lo que nos separaba de Él, cuando terminabas la oración tuviste fe para creer que Dios ya te había perdonado de lo que te arrepentiste y que te había limpiado. ¿Viste acaso como se te quito el pecado? La mayoría de las personas me dirán que no. Yo he sabido de algunas excepciones, pero la mayoría de los creyentes solo se arrepintieron y creyeron que estaban limpios, es decir; esperas estar limpio de pecado y terminas tu oración convencido de que el pecado en ti del cual te arrepentiste se ha ido. Y la verdad es que se ha ido solo por haber tenido fe.

Esta es la fe y la forma en que debemos vivir, llamemos las cosas que no son como si fueran (Romanos 4:17).

Esa necesidad, ese milagro, el llamado al ministerio, dones, fuerza, sabiduría, santidad, genuinidad, todo, absolutamente todo lo que esperas lo puedes obtener por la fe, es decir; si llamas las cosas que aun no son como si ya fueran.

Dios me permitió servir un tiempo como líder en una célula de jóvenes de la Iglesia y cuando se tocaba el tema de la fe les comentaba a los muchachos que le creyeran a Dios, que se movieran por fe, y les preguntaba: ¿Qué anhelas de Dios?, sea lo que sea cree que ya lo tienes, por ejemplo: ¿anhelas algún don del Espíritu Santo?, por fe vive como si ya lo tuvieras, tal vez al principio no lo tengas pero si persistes creyendo que lo tienes aunque tal vez no lo tengas Dios te lo dará; ¿quieres que Dios te hable en su Palabra?, pues lee la Palabra y al leerla cree que Dios te está hablando y te está revelando misterios, tal vez al principio no sean grandes cosas o tengas errores, pero tú cree que lo que estas entendiendo mientras lees y meditas en la Palabra es verdadera revelación del cielo y persiste en ello con la convicción de que Dios realmente te está abriendo su Palabra y Dios te la revelará. Si te mueves por este principio todo lo que emprendas prosperará, muchos tal vez te llamen ingenuo, pero persiste porque Dios no te defraudará; Santa Claus no existe y al saberlo te desilusionaste, pero Dios es real y nunca te defraudará, persiste hasta obtener cuánto has creído, porque si tienes fe seguro lo obtendrás y al obtenerlo dale toda la Gloria a Dios porque tú no tenías nada pero Él en su bondad te lo ha dado sin que lo merecieras.

La convicción de lo que no se ve...

*"Ahora bien, **la fe...   ...es la revelación de las cosas que no se ven.**" Hebreos 11:1 (VPESHITA)*

Éste es el gran secreto que le permitió a Abraham el Padre de la fe poder tener a su hijo Isaac, voy a parafrasear un poco la historia de Génesis 15. Abraham tuvo una revelación del cielo y Dios le habla a través de una visión diciendo que lo bendeciría en gran manera, pero Abraham no tenía hijo a quien heredarle la bendición de Jehová que iba a recibir, y el Señor lo sacó afuera de su techo a contemplar las estrellas, me imagino que Abraham aún estaba en el éxtasis de la visión y Dios le habló diciendo que como las estrellas del cielo sería su descendencia. Para no hacerlo más largo dejemos la paráfrasis bíblica hasta aquí, imaginemos a Abraham después de tener la visión y escuchar la voz de Dios, él no veía a ningún hijo y por algún tiempo no lo vio, pero Dios le reveló que lo tendría y aunque no lo podía ver ya se le había revelado y persistió en esta revelación que Dios le mostró hasta que obtuvo a su hijo, ésta es la fe.

Aquí entra un punto muy importante que protege tu fe para que no sea distorsionada, si bien *"la fe es convicción de las cosas que se esperan como si ya fueran realidad"* lo que provoca y crea la fe genuina de Dios es la siguiente parte del verso: *"es la revelación de las cosas que no se ven"*, debes llamar las cosas que no son como si fueran, pero no a cualquier cosa o a cualquier deseo de la carne sino a aquello que Dios te ha revelado que aún no logras ver; la voluntad de Dios aún no contemplada en la tierra. Tal vez no tengas una visión como Abraham (aunque el Profeta Joel dice que los jóvenes tendrán visiones, el que tenga oídos para oír, oiga.), o no entres en un éxtasis en el espíritu para escuchar la voz de Dios, pero tienes la Palabra de Dios y ella te muestra la voluntad del Señor, en la Palabra de Dios se encuentra toda la revelación, de hecho si alguien tiene un visión, ésta debe sujetarse a la Palabra de Dios, es decir; ya fue escrita en la Palabra de Dios y dicha visión no puede ser algo nuevo y desconocido sino algo ya establecido por Dios en su Palabra, de lo contrario el origen de la visión no fue divino sino demoniaco. Toda revelación está en la Palabra de Dios, ve a la Palabra y ten fe en ella, por ejemplo, la Palabra de Dios dice:

> *"Pues si vosotros, siendo malos, sabéis dar buenas dádivas a vuestros hijos, ¿cuánto más vuestro Padre celestial dará el Espíritu Santo a los que se lo pidan?"*
> *Lucas 11:13 (RVR)*

Esto es una revelación preciosísima, muchos creyentes quieren el bautismo en el Espíritu Santo, teniendo bien claros los principios comentados acerca de la fe, ya tenemos la revelación necesaria para tener el Espíritu Santo, solo debemos creerlo, oremos con la convicción de que la experiencia del Bautismo en el Espíritu Santo será una realidad en nuestras vidas al orar pidiéndoselo al Señor, persistamos en esto hasta obtenerlo. El Apóstol Pablo también menciona que el Espíritu Santo se recibe por la fe:

> *"Y que por la ley ninguno se justifica para con Dios, es evidente, porque: El justo por la fe vivirá;*
> *y la ley no es de fe, sino que dice: El que hiciere estas cosas vivirá por ellas.*
> *Cristo nos redimió de la maldición de la ley, hecho por nosotros maldición (porque está escrito: Maldito todo el que es colgado en un madero),*
> *para que en Cristo Jesús la bendición de Abraham alcanzase a los gentiles, **a fin de que por la fe recibiésemos la promesa del Espíritu**."*
> *Gálatas 3:11-14*

Por la fe alcanzaron buen testimonio los antiguos...

Nuestro tema es acerca de como ser ejemplo a los creyentes en fe. Y observamos que para poder ser ejemplo y tener buen testimonio se necesita fe, es la fe la que nos lleva más allá de lo común, la fe es la que nos lleva a buscar y experimentar la justicia de Dios, nosotros no tenemos ni el mas mínimo detalle para tener buen testimonio o ser ejemplo ya que somos pecadores y nos equivocamos, el apóstol Pablo nos menciona:

Como está escrito:

"No hay justo, ni aun uno" Romanos 3:10 (RVR)

También el predicador del Eclesiastés nos habla al respecto

*"Ciertamente **no hay hombre justo en la tierra, que haga el bien y nunca peque.**"*
Eclesiastés 7:20 (RVR)

Esto es totalmente cierto, pero como Cristianos que amamos a Dios no podemos conformarnos a estos dos versículos pues no lo estoy diciendo para caer en el conformismo sino para que entendamos que por más que nos esforcemos en ser justos tarde o temprano podemos tropezar en el camino, y solo lo que nos va a dar buen testimonio va a ser nuestra fe, ya que por ella alcanzaron buen testimonio los antiguos que observamos en la Biblia, ellos también se equivocaron pero su fe marcó su historia y la historia del mundo, de tal forma que después de mucho tiempo y hasta la actualidad son ejemplo de buen testimonio a los creyentes. La vida de Abraham nos dará mayor luz al respecto:

*"Él (**Abraham**) creyó en esperanza contra esperanza, para llegar a ser padre de muchas gentes, conforme a lo que se le había dicho: Así será tu descendencia.*
*Y **no se debilitó en la fe al considerar su cuerpo, que estaba ya como muerto (siendo de casi cien años), o la esterilidad de la matriz de Sara.***
*Tampoco **dudó, por incredulidad, de la promesa de Dios, sino que se fortaleció en fe, dando gloria a Dios,** plenamente convencido de que era también poderoso para hacer todo lo que había prometido; por lo cual también **su fe le fue contada por justicia.**" Romanos 4:18-22(RVR)*

Era imposible que Abraham tuviera un hijo pues era grande de edad y su esposa era estéril, los hombres de cien años no pueden tener hijos con mujeres estériles, esto es tan imposible como el hecho de que nosotros podamos ser justos, dar buen testimonio y ser ejemplo valiéndonos de nuestra condición humana. Si aquí fuera el fin de las cosas tendríamos un destino de fracaso y nunca podríamos llegar a ser ejemplo, pero ¡Gloria a Dios que aquí no termina la historia sino que apenas comienza!, y el versículo que liberará tu vida para poder volar en las alturas es Romanos 4:22

"su fe le fue contada por justicia."

Es cierto que era imposible que Abraham tuviera un hijo˙ con Sara, pero su fe compenso todas aquellas imposibilidades que tenía enfrente, la fe de Abraham no solo lo hizo el Padre de Isaac sino que lo transformó en el padre de la fe. Tal vez tu tengas muchos errores, tengas poca experiencia, no tengas mucho apoyo y tengas todos los requisitos necesarios para que tengan en poco tu juventud, pero es la hora de que comiences a creer la palabra de Dios, y lo que el Apóstol Pablo le dijo a Timoteo hoy llegue a tu espíritu sacudiendo tu interior como con un terremoto destruyendo (al obedecer la Palabra de Dios) todo cuanto te impide ser ejemplo a los creyentes, ¡levántate!, confía en Dios y serás transformado en todas las áreas mencionadas por Pablo a Timoteo, las cuales son necesarias para ser ejemplo, dale tu juventud al Señor, solo créele a Dios, sigue firme sin importar que lo que veas solo sean imposibilidades y comenzarás a observar que mientras más persistas y tu fe aumente, mayor será tu ejemplo en Palabra, Conducta, Amor, Espíritu, Fe y Pureza. Solo ten fe y sé ejemplo a los creyentes, no gastes tu juventud en cosas que no tienen valor porque al final quedarás sin valor, da tu juventud a Dios y no conocerás el final, porque aun después de la muerte seguirás siendo ejemplo.

Considéralo, las varones de cien años ya no tienen hijos y menos si es con una mujer estéril, pero la fe en la Palabra de Dios produce vida (o hijos, o bebés) incluso a través de viejitos de cien años y mujeres estériles, la misma fe en la palabra de Dios hoy puede hacer de una persona sin carácter, sin amor, sin control ni dominio propio, con pecado e impureza, en alguien con el carácter de Cristo, lleno de amor, con un gran dominio propio, santo, puro, agradable a Dios y testimonio a los hombres. Debo decirte un secreto: la experiencia de Abraham es para todos los atrevidos y llenos de fe.

*"Y no solamente con respecto a él se escribió que le fue contada, **sino también con respecto a nosotros a quienes ha de ser contada**, esto es, **a los que creemos en el que levantó de los muertos a Jesús, Señor nuestro, el cual fue entregado por nuestras transgresiones, y resucitado para nuestra justificación.**" Romanos 4:23-25*

Todos tenemos una medida de fe.

Debes ejercitar la fe y así es como ésta crecerá cada vez más, Dios nos ha repartido a todos una medida de fe:

"...conforme a la medida de fe que Dios repartió a cada uno." Romanos 12:3

Nadie puede decir que no tiene ni la mas mínima pisca de fe, todos tenemos una medida de fe en nosotros, tal vez en algunas personas la medida sea más abundante que en otras, por eso debemos acrecentar nuestra fe; los apóstoles comprendieron la necesidad de aumentar su fe.

"Dijeron los apóstoles al Señor: Auméntanos la fe." Lucas 17:5

si ellos que vivían con Jesús y vieron todos sus milagros, prodigios y su gran ministerio en la tierra necesitaron que su fe aumentara, estoy convencido de buscar el crecimiento de nuestra fe.

¿Cómo se ejercita la fe?

No importa la medida de tu fe, solo ejercítala en cada oportunidad que se te presente y será cada vez más fuerte. Por ejemplo: Los grandes corredores de carreras o atletismo que hoy en día son ejemplo para muchos, al principio de su formación atlética no tenían la misma condición física en la que hoy se encuentran sino que conforme mas ejercitaban sus piernas y entrenaban su cuerpo iban adquiriendo más condición y mayor fuerza; de la misma forma tenemos que ejercitar nuestra fe para que sea más fuerte, te estarás preguntando: ¿y cómo ejercito mi fe? Es muy fácil, hazlo con actividades prácticas, al leer la Palabra de Dios busca un verso y créelo hasta que lo vivas, si vez a algún enfermo ora por él para que Dios lo sane, si hay algún amigo inconverso háblale de Cristo para que Dios lo salve, si en algunas ocasiones no sucede la que creíste que recibirías tal vez fue porque tu fe no tenía la condición necesaria para alcanzar dicha meta, no te desanimes, sigue entrenando y si eres fiel el Espíritu de Dios te revelará aquello que ayudará a que tengas cada vez una fe más grande y pura para el Señor.

Ya vimos como se fortalece la fe, ahora veamos como aumenta la fe.

¿Cómo aumenta la fe?

"El que es fiel en lo muy poco, también en lo más es fiel; y el que en lo muy poco es injusto, también en lo más es injusto." Lucas 16:10

Si somos fieles en usar la medida de fe que ya hay en nosotros, sea poca o sea mucha, Dios aumentará tu medida.

Este es un principio hermoso de la Palabra, tu fe aumentará de acuerdo a que tan fiel has sido con la fe que hoy posees. Por ejemplo: Si tienes fe en que Dios salva las almas con la predicación del evangelio, entonces se fiel a tu medida de fe y predica a las almas, y seguro tu medida de fe crecerá, tal vez después tu medida de fe será que Dios salva a las almas pero también sana los cuerpos, y comienzas a predicar el evangelio y a orar por los enfermos y seguro que tu fe aumentará, solo cree en la Palabra de Dios.

Me gustaría que me acompañaras y juntos nos uniéramos al Espíritu de los apóstoles en Lucas 17:5 y le pidiéramos al Señor que aumente nuestra fe.

"Señor, reconozco que soy incapaz de obedecer tu palabra por mis fuerzas, necesito de ti, Auméntame la fe para vivir tu Palabra y experimentar toda la gloria depositada en ella, quiero ser ejemplo en buen testimonio a los creyentes, quiero engrandecer tu nombre y no el mío sin importar el entrenamiento que tenga que enfrentar, estoy dispuesto a realizar tu voluntad Señor. Amén."

Capítulo 7
Ser ejemplo en pureza

1. La pureza nos permite invocar al Señor

"En aquel tiempo devolveré yo a los pueblos pureza de labios, para que todos invoquen el nombre de Jehová, para que le sirvan de común consentimiento."
Sofonías 3:9

Qué hermosa Palabra de Dios, en su misericordia nos concede pureza de labios para invocar su nombre y servirle con todo el cuerpo de Cristo unido. La pureza nos lleva a invocar el nombre de nuestro Señor, nos une con la Iglesia y produce en nosotros el servicio en unidad con el pueblo de Dios. Pero, para una mayor comprensión me gustaría que observáramos la condición en la que se encontraba el pueblo al principio del capítulo 3 de Sofonías

"¡Ay de la ciudad rebelde y contaminada y opresora! No escuchó la voz, ni recibió la corrección; no confió en Jehová, no se acercó a su Dios."
Sofonías 3:1-2

Estas son las actitudes contrarias a la pureza, una persona renuente a la voz de Dios y a su corrección, no muestra confianza en Dios y en consecuencia se alejará de él, un poco más adelante estaremos viendo el principio que nos ayudará a discernir la impureza en nuestra vida, por el momento solo quiero dejar en claro la actitud que es contraria a la pureza bíblica. Algunas manifestaciones y consecuencias de la impureza las vemos en los siguientes versículos:

"Sus príncipes en medio de ella son leones rugientes; sus jueces, lobos nocturnos que no dejan hueso para la mañana. Sus profetas son livianos, hombres prevaricadores; sus sacerdotes contaminaron el santuario, falsearon la ley. Jehová en medio de ella es justo, no hará iniquidad; de mañana sacará a luz su juicio, nunca faltará; pero el perverso no conoce la vergüenza.
Hice destruir naciones; sus habitaciones están asoladas; hice desiertas sus calles, hasta no quedar quien pase; sus ciudades están asoladas hasta no quedar hombre, hasta no quedar habitante. Dije: Ciertamente me temerá; recibirá corrección, y no será destruida su morada según todo aquello por lo cual la castigué. Más ellos se apresuraron a corromper todos sus hechos. Por tanto, esperadme, dice Jehová, hasta el día que me levante para juzgaros; porque mi determinación es reunir las naciones, juntar los reinos, para derramar sobre ellos mi enojo, todo el ardor de mi ira; por el fuego de mi celo será consumida toda la tierra."
Sofonías 3:3-8

Podemos observar la disciplina enviada por Dios hacia el pueblo rebelde, pero también podemos contemplar la bondad y misericordia de Dios al estar siempre dispuesto a perdonar y detener su juicio en el instante que vuelvan a búscalo. Nunca olvidemos que cuando Dios envía juicio sobre su pueblo lleva el propósito de la purificación, es por nuestro bien, al final nosotros seremos bendecidos estando invocando a Dios con labios puros y sirviéndole juntamente con nuestros hermanos en armonía.

En alguna ocasión de nuestra vida tal vez nos encontramos en esta situación, donde no escuchábamos la voz de Dios y no aceptábamos corrección, tal vez llegamos a pensar que hacíamos todo perfecto, o simplemente no aceptamos la corrección de Dios porque no queríamos dejar nuestra manera de vivir, esto se puede resumir en una sola palabra: "rebeldía". Al expresar estas actitudes se muestra es la desconfianza que se tiene hacia Dios y el gran orgullo propio, creyendo que solo puede salir adelante sin la ayuda de nadie más. Si confías en el Señor permitirás su corrección y además la buscarás, reconociendo la sabiduría de Dios como superior a la humana, por lo tanto si obedeces a Dios todo resultará perfectamente bien. En el verso nueve podemos observar un precioso detalle; al terminar la disciplina, Dios purifica nuestros labios

*"**En aquel tiempo devolveré yo a los pueblos pureza de labios**, para que todos invoquen el nombre de Jehová, para que le sirvan de común consentimiento."*
Sofonías 3:9

Porque solo con labios puros (libres de contaminación) podemos invocar a nuestro Señor, de no ser así nunca podríamos volvernos a Él para invocarlo y servirlo en comunión con el cuerpo de Cristo, que hermoso es mi Señor, "Él es bueno y sus misericordias son nuevas cada mañana". Algunos dirán que los rebeldes merecen juicio sobre ellos, pero quienes piensan así no han comprendido que si viene disciplina sobre el pueblo de Dios es para su bien, para purificarlo. La realidad es que no merecemos ni siquiera que el Señor nos ponga atención para mandarnos un juicio, pero bendito sea Dios pues el amor con el que nos amó es abundante para perdonarnos y buscar nuestro bien, ya sea por la buena o por la mala, es decir; si nos rendimos a Él rápido o nos hacemos más duros, pero tarde o temprano sus pensamientos de bien se realizarán sobre nosotros los que le amamos. Solo es por su misericordia y gracia que nos da pureza de labios para invocarle, no porque lo merezcamos sino solo por su gran amor que tiene para con nosotros.

El corazón puro.

Realmente lo que Dios busca y anhela en nosotros es cambiarnos el corazón y que este sea puro, por consecuente en nuestros labios habrá pureza como dice Lucas 6:45

"...porque de la abundancia del corazón habla la boca."

Y la versión Peshita lo traduce de la siguiente manera:

"...Porque de lo que abunde en el corazón hablarán los labios."

El rey David comprendía la importancia de este principio bíblico y nos muestra en el Salmo 24 la forma de acercarnos al dueño de toda la tierra y de sus habitantes

"De Jehová es la tierra y su plenitud;
El mundo, y los que en él habitan.
Porque él la fundó sobre los mares,
Y la afirmó sobre los ríos.
¿Quién subirá al monte de Jehová?
¿Y quién estará en su lugar santo?
El limpio de manos y puro de corazón;

El que no ha elevado su alma a cosas vanas,
Ni jurado con engaño.
El recibirá bendición de Jehová,
Y justicia del Dios de salvación.
Tal es la generación de los que le buscan,
De los que buscan tu rostro, oh Dios de Jacob. Selah"
Salmos 24:1-6

David da más luz con respecto al hombre puro de corazón describiéndolo como "el que no ha elevado su alma a cosas vanas, ni jurado con engaño", podemos decir de forma general que en el alma se encuentran los pensamientos, sentimientos y decisiones, la pureza está en no llenar nuestros pensamientos con imaginaciones terrenales y pasajeras, sino que obedezcamos lo que el apóstol Pablo nos menciona en Filipenses 4:8

"Por lo demás, hermanos, todo lo que es verdadero, todo lo honesto, todo lo justo, todo lo puro, todo lo amable, todo lo que es de buen nombre; si hay virtud alguna, si algo digno de alabanza, en esto pensad."

Igualmente tenemos que sujetar nuestros sentimientos para entregarlos a Dios, muchas veces sentimos enojo, alegría, tristeza, decepción, dolor, gozo, dicha y muchas cosas más, pero no podemos permitir que nuestros sentimientos se usen o se expresen en cosas terrenales, cosas pasajeras que no tienen un valor celestial y eterno. Por ejemplo, no podemos enojarnos solo porque alguien no nos saludó o se dirigió a nosotros con alguna ofensa; nuestras emociones no las podemos elevar a estas cosas que son vanas, temporales y pasajeras, sino que debemos controlarlas pues Dios nos ha dado un Espíritu de Dominio Propio (2 Tim 1:7). Nuestros sentimientos y emociones deben estar enfocados(as) y libres para involucrarse en las cosas celestiales, divinas y eternas, por ejemplo en la obra de Dios, cuando le vas a predicar a alguien de Cristo, cuando estás en intimidad con Dios, en oración, adoración, lectura de la Palabra, etcétera, libera tus emociones y pensamientos. En pocas palabras, soltemos nuestras emociones y pensamientos en cosas eternas para permanecer puros.

También nuestras decisiones deben estar fundadas por la palabra de Dios para que seas movido a realizar cosas eternas. Si cada decisión que tomes está basada en la palabra de Dios, tus decisiones serán las mejores y no serán vanas sino que perduraran para siempre porque esta es la naturaleza de la palabra de Dios:

"Porque: Toda carne es como hierba,
Y toda la gloria del hombre como flor de la hierba.
La hierba se seca, y la flor se cae;
Mas la palabra del Señor permanece para siempre*. Y*
esta es la palabra que por el evangelio os ha sido
anunciada." 1Pedro 1:24-25

Dios está dispuesto a abundar tu corazón de pureza para que con labios puros lo invoques y puedas servirle en comunión con todos nuestros hermanos en Cristo, no importa tu situación

"... Porque él(Dios) es bueno, y su misericordia es para siempre. 2 Crónicas 7:3".

Créeme, Dios desea tenerte cerca y abrazarte más de lo que tú puedas desearlo, corre a su presencia diciéndole que lo Amas y que lo único que quieres es agradarlo y tenerlo a Él, serás bien recibido, invócalo y disfruta su caluroso abrazo, si estas en sus brazos estarás seguro.

2. El valor de la pureza

"Entonces María tomó una libra de perfume de nardo puro, de mucho precio, y ungió los pies de Jesús, y los enjugó con sus cabellos; y la casa se llenó del olor del perfume.
Y dijo uno de sus discípulos, Judas Iscariote hijo de Simón, el que le había de entregar:
¿Por qué no fue este perfume vendido por trescientos denarios, y dado a los pobres?

Pero dijo esto, no porque se cuidara de los pobres, sino porque era ladrón, y teniendo la bolsa, sustraía de lo que se echaba en ella." Juan 12.3-6

Vemos a María como una adoradora preciosa a los pies de Jesús derramando una libra de perfume de nardo puro, el perfume de nardo era muy valioso y por esta razón solo se utilizaba en ocasiones especiales.

Aquí vemos que para María la visita de Jesús en su hogar era una ocasión realmente especial y digna de sacar algo de gran valor para honrar al Rey que había entrado en su hogar, es precioso observar que el perfume era de nardo puro y en seguida se menciona que era de mucho precio, lo que es puro siempre tiene un valor más alto que lo que ya esta alterado, manchado o disuelto, y para alguien tan puro como Jesús no se le podía dar menos. En el verso 5 Judas Iscariote le puso precio al perfume diciendo que costaba 300 denarios, si el denario equivalía al salario de un día de un obrero promedio, entonces 300 denarios equivalían al salario de todo un año ya que los días de reposo y días sagrados no se trabajaba y no se ganaba dinero. En realidad, María no derramó un perfume muy costoso sino un año de su vida, es decir, durante un año entero no se dedicó a sí misma, sino a derramar su vida en adoración a Jesús. Se tuvo que invertir todo el salario de un año para obtener un perfume de nardo puro, me atrevo a decir que un perfume de nardo impuro no tendría el mismo valor que el perfume de nardo puro que utilizo María para ungir a Jesús, por lo tanto, tu pureza pone valor a tu vida, mientras más puro seas mayor será el valor de cada día que vives, por ejemplo, hemos escuchado acerca de hombres de negocios que pueden decir: "mi minuto vale 1000 pesos" porque al trabajar, él gana 1000 pesos por minuto y si pierde tiempo en descansar de más, quedarse con la mente en blanco o simplemente perder el tiempo, él deja de ganar 1000 por cada minuto, de la misma manera nosotros podemos decir que nuestra vida en el Reino de Dios tiene el valor de nuestra pureza, si te conservas puro, lo que realices tendrá gran valor en el Reino, pero si haces muchas cosas para el Reino de Dios con un corazón impuro como el que mostró Judas Iscariote no tendrá valor alguno.   Quiero aclarar que por más esfuerzos realizados nunca podremos llegar a ser puros y mucho menos mantenernos en pureza, es solo por la gracia de Jesús y por su sacrificio en la cruz que somos y permanecemos puros delante de Dios y lo que nos da un valor inigualable, éste valor es la Sangre de Jesús, para ser puros debemos de aferrarnos a Jesús y mientras más nos unamos con Él más nos pareceremos a Él y más puros seremos, recalco que seremos puros solo por Jesús, mientras mayor sea la medida de Cristo en nosotros, mayor será nuestra pureza.

Hemos visto que lo puro es muy valioso, nadie podrá menospreciar tu juventud si en ella eres ejemplo de pureza ya que estarás mostrando un valor tan elevado que nadie se atreverá a tenerte en poco porque la fragancia de una vida pura llena el lugar donde se encuentre.

"...y la casa se llenó del olor del perfume."
Juan 12:3

3. Siendo puros para Jesús

María pudo haber sacado el perfume más barato que tenía e incluso pudo haber tratado a Jesús como cualquier otro invitado y solo sacar agua para limpiar sus pies como era la costumbre Judía de aquel tiempo, pero me atrevo a decir que María sacó el ungüento más valioso que tenía dándole así mayor honra y valor a Jesús, es decir; el precio de lo que tú regales será según el valor que le des a la persona que le das el regalo, por ejemplo: a alguien que nunca has conocido porque vive en otro continente tal vez no puedes darle algo de valor porque para ti no existe por el hecho de que no lo conoces, entonces para ti no tiene un gran valor dicha persona, pero a tu madre le vas a dar un buen regalo el día de su cumpleaños porque el valor que tu madre tiene sobre el desconocido de otro continente es sumamente mayor. Este principio es al que nos estamos refiriendo en este momento, si Jesús es todo para ti, tú buscarás que tu vida sea pura para poderla derramar en sus pies honrándolo como Rey con tu posesión más valiosa, pero si tienes una vida impura y la derramas delante de Jesús le estas dando una honra menor y lo estas menospreciando, sería como si María hubiera sacado para Jesús el agua sucia con la que le lavaron los pies a todos sus visitantes de hace un mes y eso no le daría honra a nadie.

Por eso te invito a llevar una vida en la cual seas ejemplo de pureza y lo que derrames en los pies de Jesús sea tu posesión más valiosa, que sea lo que te ha costado toda una vida o todo un año de dejar ciertos pecados, hábitos, palabras, pensamientos y aquello que te trae impureza, para dar a Jesús el valor y la honra que merece.

Quiero mencionar algo en forma de paréntesis:

Varón y Señorita, cuida tu pureza sexual, guárdala para el matrimonio, no porque signifique que al no cuidarla vas a tener menos valor, pero mantener la pureza dará honra debida a tu pareja en el matrimonio, tú le pones el valor a tu matrimonio antes de casarte, si tú guardas tu pureza para tu matrimonio le estarás dando a tu pareja matrimonial el gran valor de tu pureza, pero si no te guardas sería como si María hubiera tomado y proporcionado el agua que trae la suciedad de muchos visitantes como lo mencionamos anteriormente. Si no es tu esposa o esposo no le des la honra de tu pureza. La persona que vaya a ser tu pareja matrimonial será alguien que tenga el valor de tu pureza. Mantén tu pureza y Dios te recompensará, Dios es bueno y justo, él te dará la persona que valga tu pureza.

Aquellos que se han equivocado y han dado su pureza fuera del matrimonio deben arrepentirse y nunca más volverlo a hacer, Dios cuando perdona hace nuevas todas las cosas, el pecado queda atrás, Cristo vive en ti, es tiempo de vivir y proyectar una vida celestial genuina. Tienes dos opciones dejarte restaurar por Dios o no permitir que Dios te limpie y sigas con impureza en tu corazón, sea cual sea tu opción, Dios es justo y te dará la persona justa para ti.

¿Qué tan pura quieres que sea tu pareja matrimonial?

4. Como discernir la pureza y la impureza

"Todas las cosas son puras para los puros, mas para los corrompidos e incrédulos nada les es puro; pues hasta su mente y su conciencia están corrompidas. Profesan conocer a Dios, pero con los hechos lo niegan, siendo abominables y rebeldes, reprobados en cuanto a toda buena obra." Tito 1:15-16

¿Te has fijado que hay personas que observan todo hermoso y sin malicia, pero que también existen personas que cualquier cosa la ven mal?, esto radica en la pureza o impureza de su corazón.

Para conocer la pureza de nuestra corazón es muy sencillo, solo analiza tu modo de pensar con respecto algunos asuntos y si eres sincero contigo mismo sabrás si tu corazón es puro o está corrompido.

Por ejemplo: si alguien no te saludó puedes pensar: "que falso, se pasó de largo sin saludarme, de seguro que le caigo mal" siendo que dicha persona solo estaba despistada y no te vio, este es un corazón impuro; el pensamiento puro hubiese dicho: "no me saludó por qué no me vio, lo más seguro es que iba pensando en otra cosa", este solo es un ejemplo de muchas manifestaciones del corazón que nos suceden día a día a todas las personas. Otro ejemplo es cuando en la Iglesia llega el momento de recoger los diezmos y las ofrendas, la gente de corazón puro dará gozosa su diezmo y ofrenda porque sabe que es un acto de adoración y honra a nuestro Rey, pero los de corazón impuro piensan: "yo no les voy a dar nada, solo piden dinero y dinero y quien sabe en qué se lo gasten, yo no los voy a estar manteniendo", tengamos cuidado en como juzgamos los asuntos que nos rodean porque esto determina nuestra pureza de corazón.

Los frutos de las personas también determinan su pureza. Las personas impuras batallan mucho para realizar cosas buenas, algunos de plano no pueden realizar ni la mas mínima acción de bondad, también existen personas que se les hace imposible que alguien pueda realizar cosas buenas sin intereses propios, éstas solo son manifestación de las impurezas del corazón y que son totalmente contrarias a las personas de corazón puro ya que para ellas hacer el bien es su forma normal de vida, se les facilita realizar actos de bondad y para ellos es muy difícil de creer que alguien pueda realizar un acto horriblemente espantoso y lleno de maldad.

Algo muy tremendo es que la Biblia toma a un impuro de corazón como un incrédulo:

"Todas las cosas son puras para los puros, **mas para los corrompidos e incrédulos nada les es puro;** *pues hasta su mente y su conciencia están corrompidas. Profesan conocer a Dios, pero con los hechos lo niegan, siendo abominables y rebeldes, reprobados en cuanto a toda buena obra." Tito 1:15-16*

Las personas que todo lo ven mal y que son negativas tienen un fuerte problema de incredulidad hacia Dios, no le creen a Dios y en consecuencia están alejados del Creador de todas las cosas, el ser más puro que existe, por eso su impureza es evidente.

Los hijos de Dios que creemos en Él, confiamos nuestra vida a Él y siempre nos referiremos a toda circunstancia o asunto como lo mejor para nosotros, porque creemos que Dios tiene todo bajo su control, la gente tal vez nos catalogue como optimistas pero nada de eso, lo que sucede es que confiamos en nuestro Señor y creemos que todas las cosas les ayudan a bien a los que le aman. Siempre reconoceremos que Dios nos ha hecho bien sin merecerlo. Dios es bueno.

5. Como ser purificados

"Maridos, amad a vuestras mujeres, así como Cristo amó a la iglesia, y se entregó a sí mismo por ella, para santificarla, habiéndola purificado en el lavamiento del agua por la palabra"
Efesios 5:25-26

Definitivamente, solo podemos ser puros por medio de Cristo Jesús, si creemos y nos aferramos a Él seremos purificados por su entrega, por su sangre derramada en la cruz nosotros somos limpios y puros, Él siendo puro llevo toda nuestra impureza en la cruz derramando su sangre, y al creer este acto de amor y aferrarnos a él es como nosotros somos purificados, pero esta purificación se va a ir dando mientras mas luz tengamos con respecto a Él y mientras más contacto tengamos con Él, hemos visto en el capítulo 2 que Jesús es la Palabra de Dios, y ella misma nos va transformando a su imagen, por eso, al creer en el sacrificio de Jesús ya somos puros, pero es una realidad que mientras más conocemos su Palabra y más tiempo pasamos con nuestro Señor Jesús nos damos cuenta que cada vez existen más cosas de las cuales tenemos que ser purificados; por eso debemos ir a la Palabra de Dios y permitir que su luz nos alumbre la oscuridad que hay en nosotros la cuál no nos permite ver nuestra impureza para que la sangre y la luz de Cristo nos limpien de todo pecado.

Cada vez que vayamos a la Biblia oremos al Espíritu Santo para que nos dé luz en su Palabra, para que seamos limpios al meditarla y al hablarla, mientras estemos leyendo sigamos pidiéndole al Espíritu que nos purifique por medio de la palabra, al momento de estar leyendo la Biblia, al momento de meditarla o declararla, ten fe de que estas siendo limpio, y al estarla meditando contempla en el Espíritu el río divino que comienza a inundar tu interior y todo tu ser, llegando a las partes más escondidas y limpiando toda impureza que hayas descubierto en ti por medio de la Palabra. Es maravilloso saber que Cristo Jesús nos purifica personalmente, pues Él es la Palabra, y es por el lavamiento del agua por el que somos purificados, el agua en la Biblia es tipo o símbolo de la Palabra de Dios, cuando tienes contacto con la Palabra de Dios las aguas de su Espíritu entrarán en ti y te limpiarán.

La purificación por la obediencia a la verdad

"Habiendo purificado vuestras almas por la obediencia a la verdad, mediante el Espíritu, para el amor fraternal no fingido, amaos unos a otros entrañablemente, de corazón puro"
1Pedro 1:22

Para que la purificación se vaya efectuando en nosotros de manera permanente debemos no solo de ir a la Palabra de Dios sino obedecerla, la verdad no está alterada y por eso es pura y si la obedecemos estaremos experimentando una vida pura, el misterio de alcanzar la pureza está en obedecer la voz de nuestro Señor.

Cuando la Palabra de Dios entra en ti, te limpia y purifica, pero también realiza otra función, Jesús es la Palabra de Dios y habita dentro de nosotros, por tanto debemos obedecerle para permanecer puros, una cosa es que las corrientes de las aguas de Dios laven nuestro interior y la otra es obedecer a la Palabra(a Jesús) que está en tu interior para que no te vuelvas a contaminar. La Palabra te limpia, pero también te enseña a lograr una purificación permanente. Ésta produce una purificación más profunda que modificará tu conducta para vivir de forma pura.

También debemos saber que la purificación no se llevará a cabo si no es mediante el Espíritu, pues fuera de Él no es difícil sino es imposible obedecer la Palabra de Dios y como resultado que se logre la purificación en nosotros, necesitamos humillarnos reconociendo que nosotros no podemos llevar una vida pura y que necesitamos al Espíritu de Dios para que nos llene de vida y poder para obedecer la Palabra de Dios, lo necesitamos porque la palabra de Dios es Espíritu (Jn 6:63) y solo mediante el Espíritu Santo podremos conocer y obedecer lo espiritual, es decir; la Palabra de Dios.

La pureza de Cristo en nosotros

"Mirad cuál amor nos ha dado el Padre, para que seamos llamados hijos de Dios; por esto el mundo no nos conoce, porque no le conoció a él.
Amados, ahora somos hijos de Dios, y aún no se ha manifestado lo que hemos de ser; pero sabemos que cuando él se manifieste, seremos semejantes a él, porque le veremos tal como él es.
Y todo aquel que tiene esta esperanza en él, se purifica a sí mismo, así como él es puro."
1 Juan 3:1-3

Cuando veamos a Cristo seremos como Él porque le veremos tal como Él es, esto es algo tremendamente glorioso y si ésta es nuestra esperanza debemos purificarnos nosotros mismos, pero observemos que nuestra purificación debe ser como Él es, y para poder ser como él es necesitamos conocer como es. Hoy conocemos como es Él mediante el Espíritu Santo y la Palabra de Dios. Busquemos purificarnos así como Él es puro, siguiendo el modelo de Jesús será la única forma de ser ejemplo en pureza.

"Espíritu Santo, cada vez que tengamos contacto con la palabra de Dios llévanos a experimentar el lavamiento en nuestro ser, siendo así purificados y transformados cada vez más a la imagen de Cristo. Tuya sea toda la gloria, Amen"

Nota

*H*asta aquí hemos observado principios hermosos para compensar nuestra falta de edad y experiencia con el ejemplo a los creyentes conforme a lo que el apóstol Pablo nos muestra en 1ra de Timoteo 4:12, pero existen tres principios de suma importancia y que el Señor a puesto en mi corazón el deseo de compartírtelos, creo firmemente que serán de gran bendición para tu vida.

En la sección siguiente conoceremos algunos consejos prácticos respecto a: "La honra a los Padres", "El yugo de Jesús" y "La búsqueda de la vida celestial".

En cada uno de los capítulos observaremos el porqué debemos de vivir de esta forma, la actitud que debemos tomar en nuestro diario vivir y cómo lograrlo.

Sigamos avanzando con el entendimiento de que nuestra meta es engrandecer el nombre de Dios a través de la proyección de una vida celestial. ¡Aleluya!

Capítulo 8
La honra a los padres

E l hecho de compensar la falta de edad y experiencia con una vida de Reino no significa la exclusión de las personas mayores, de hecho las necesitamos en gran manera, sin ellos nosotros no hubiésemos nacido, y tampoco podríamos llegar a ninguna parte sin su apoyo, ellos han logrado toda una vida sin nosotros, en cambio no podríamos avanzar sin ellos, por ésta y más razones he sido movido a enseñarte acerca de este principio tan valioso para todo ser humano.

"Honra a tu padre y a tu madre, para que tus días se alarguen en la tierra que Jehová tu Dios te da."
Éxodo 20:12

Dios nos muestra que la honra a nuestros padres (tanto al padre como a la madre) es de gran valor, tanto que aquel que los honre la vida le será alargada y para aquel que no los honra su vida disminuirá en días e incluso aquel que llegue a maldecir a sus padres será muerto:

"Porque Dios mandó diciendo: Honra a tu padre y a tu madre; y: El que maldiga al padre o a la madre, muera irremisiblemente." Mateo 15:4

Los religiosos de aquella época difundieron la costumbre de decir al padre y a la madre que la honra debida a ellos se debía dar a Dios en forma de ofrenda, por lo tanto ya no era una obligación honrar a sus padres directamente, y esto es una transgresión del mandamiento de Dios:

"Pero vosotros decís: Cualquiera que diga a su padre o a su madre: Es mi ofrenda a Dios todo aquello con que pudiera ayudarte, ya no ha de honrar a su padre o a su madre. Así habéis invalidado el mandamiento de Dios por vuestra tradición."
Mateo 15:5-6

No puede decir alguien que solo porque sirve al Señor, le dedica tiempo al Señor, le ofrenda al Señor y honra al Señor ya no debe de honrar a los padres, incluso algunos hijos creen que porque ellos honran más a Dios que sus padres ya no tienen que honrarlos a ellos, esto es un grave error que acortará sus vidas.

Este mandamiento de Dios no es solo para los jóvenes sino para todos aquellos que son hijos y que fueron hijos, es decir; para aquellos que su padre aun vive y para los que ya no vive también, debemos honrar a nuestros padres en vida y en muerte, en otras palabras nadie se escapa de este mandamiento y de esta gran bendición que Dios nos da.

Dios nos ha proporcionado la manera para prolongar nuestra vida; el ejercicio es bueno, la buena alimentación también, el cuidarte te hará bien, y habrá muchos remedios dados a los hombres para que su vida sea más duradera, pero el remedio que Dios ha dado es el honrar a nuestros Padres, no es una crema para que pruebes haber si funciona, si Dios lo dijo así es, no hay nada que nos pueda dar una mayor garantía que la que nos da la Palabra de Dios, si la palabra de Dios creó los cielos y la tierra es mucho más fácil que la palabra de Dios pueda darte muchos años mas de vida. Dios nos ha concedido la oportunidad de alargar nuestros días, éste mas que un mandamiento es una gran oportunidad para vivir muchos años más, si éste fue un mandamiento de Dios no cabe duda que Dios no tiene pensamientos de mal si no de bien para nosotros, gloria a Dios porque sus mandamientos son para nuestro bien.

Han existido jóvenes llenos de fuerza que han sufrido una muerte prematura por desobedecer a una orden de sus padres o de alguna autoridad que está sobre ellos, algunos no experimentan la muerte pero experimentan enfermedad, dolor o consecuencias negativas que afectan el cuerpo acercándole cada vez más a la muerte.. Un ejemplo en el que podemos contemplar la realidad de este verso aun en cosas tan pequeñas y cotidianas es el siguiente: El joven que muchas veces sale sin abrigo en tiempo de frio y no se enferma, pero un día la madre le dijo: "Ponte el abrigo porque si sales descubierto te vas a enfermar", es hasta ese día cuando el joven se enfermó por salir sin abrigo. No es juego, es algo real y debemos aprovechar cada oportunidad que tengamos para darle largura a nuestra vida. Honremos a nuestros padres con todo nuestro corazón, ellos nos han dado mucho, fueron el medio por el cual Dios nos permitió entrar al mundo y lo menos que podemos hacer es honrarlos.

El verso dice: Honra a tu padre y a tu madre, no dice Honra a tu padre y a tu madre si quieres, o si te caen bien, o si estás de acuerdo con ellos, o si ellos se han portado bien contigo, solo dice: "honra a tu padre y a tu madre", no importa lo que sientas o lo que no sientas hacia tus padres, ni como ellos se porten contigo, tu vida está en la honra que le des a ellos. Tal vez puedas pensar que te están quitando diversiones o te están prohibiendo de disfrutar la vida, déjame te digo que si no los honras tu eres el que te esta prohibiendo el disfrutar muchos años mas de vida, ama a tus padres, hónralos y te irá bien.

"...Tu vida se alargará en la tierra que Jehová tu Dios te da".

Hemos interpretado este pasaje por años diciendo que la vida en la tierra se nos alargará, pero existe una mayor profundidad en esto, el verso dice: "...en la tierra que Jehová tu Dios te da", aquí se hace una diferencia entre la tierra en general y el lugar donde tú te desenvuelves, es decir; al territorio donde perteneces. Dios te ha dado una tierra en especifico, a algunos les ha permitido poseer una tierra de negocios, a otros la tierra de estudios, o la tierra del ministerio, etc., pero sin duda alguna, a cada ser humano Dios le ha dado una tierra en la cual debe de vivir y desenvolverse, y de la misma manera como nuestros padres físicos nos dieron a luz en la tierra, enseñándonos luego a desenvolvernos en ella, y al nosotros honrarlos podemos alargar nuestros días en la tierra a la cual nos dieron a luz, de la misma forma en cada lugar donde nos desenvolvemos hay un padre por decirlo de alguna manera o también podemos llamarlo tutor que nos dio la vida y la entrada a cierto lugar al cual tenemos que honrar para que nuestra vida en dicho lugar se prolongue. Este es un principio de autoridad, si obedecemos y honramos la autoridad nos irá bien. Por ejemplo, Al ser contratado por tu jefe en un empleo, ya que por medio de él Dios te dio una tierra nueva, tienes que honrar a ese jefe para que tus días en dicha tierra que Dios te ha dado se alarguen, esta tierra es tu nuevo trabajo. Si tú deshonras a tu jefe, no le obedeces, hablas mal de Él, y realizas algunas cosas más en contra suya, lo más seguro es que tus días en ese trabajo se acorten. También podemos poner el ejemplo de la escuela. Cuando estás en la escuela tienes maestros que te instruyen académicamente para que tu desenvolvimiento escolar cada vez sea mejor y crezcas intelectualmente, si tú no honras a los maestros que te dan clases y los desobedeces, no llevas las tareas, llegas tarde a sus clases y cuando estás en ellas no pones atención, lo más seguro es que repruebes y te corran de la escuela. Otro ejemplo es la vida cristiana, cuando tú viniste a Cristo hubo alguien que te habló y te dijo que podías nacer del Espíritu, te muestra como se lleva a cabo este nuevo nacimiento y te instruye en tu nueva vida, vela por ti para que crezcas y aprendas a desenvolverte en el Espíritu y en el Reino de Dios, si no lo honras y lo desobedeces lo más seguro es que tu vida espiritual no dure mucho tiempo. Quiero aclarar que no necesariamente la persona que te llevó a Cristo o con la que decidiste vivir para Cristo es aquel que es tu padre espiritual, pues como en lo natural sabemos que es más padre aquel que instruye, enseña, mantiene y vela por ti que el que engendra, en lo espiritual es similar, pero esto tampoco te da el derecho de deshonrar al padre que te engendró, aunque no se haya hecho cargo de ti tú deber es honrarlo.

Es una gran bendición la que Dios nos da al tener padres y tutores que nos instruyan en nuestra vida, tratémosles con la honra debida y aumentemos nuestros días en la tierra que Jehová nuestro Dios nos da, este es un principio de gran valor para todo ser humano, al vivir este principio estaremos actuando con inteligencia y madurez, si vamos a ser gente que sea ejemplo debemos de buscar que nuestros días sobre la tierra sean mayores para que duremos más tiempo siendo un ejemplo vivo y tengamos la oportunidad de bendecir a muchos creyentes más.

Capítulo 9
El yugo en la juventud

Ponte el yugo

"Bueno le es al hombre llevar el yugo desde su juventud."
Lamentaciones 3:27

Primero hay que conocer lo que es el yugo. El yugo se usa para adiestrar y enseñar al buey joven al trabajo en la yunta, al buey inexperto se le pone en pareja con un buey con experiencia, es decir; un buey con más edad y conocedor de cómo se trabaja en la yunta. Se le pone el yugo del buey viejo al buey joven en el cuello de tal forma que van a quedar unidos por el yugo que generalmente es de madera, si el inexperto quiere realizar una actividad contraria a lo que el viejo y experimentado quiere, el joven se va a lastimar porque tiene puesto el yugo en su cuello, y al realizar otro movimiento contrario el yugo estará ahí y lo lastimará. El buey experimentado no se moverá de lo que es correcto aunque el inexperto quiera realizar lo contrario, esto es porque el buey mayor ya ha aprendido bien como se debe realizar el trabajo y el joven deberá seguirlo, o si no, sufrirá las consecuencias de lastimarse con el yugo. El joven se amarra, por decirlo de alguna manera, con el yugo al buey mayor y mientras tenga el yugo no se pueden separar.

Esto se hace porque los bueyes son utilizados para el arado y cuando están jóvenes no saben cómo se realiza el arado de la manera correcta, muchas veces quieren correr demasiado y otras tal vez se cansen y se quieran parar, o quizá quieran hacer un arado por otro lado donde no es el correcto, pero cada vez que quieran hacer lo que ellos quieren y no lo que se debe de hacer el yugo los lastima, si vuelven a intentar realizar algo contrario a lo que el yugo les está guiando se volverán a lastimar y esto se repetirá las veces que sea necesario hasta que el buey joven se dé cuenta de que cada vez que hace algo indebido se lastima, será entonces que el buey ya no pondrá más resistencia y se dejará guiar, aprendiendo así a como caminar y hacer su labor sin lastimarse.

A esto se refiere Jeremías en su libro de lamentaciones al decir: *"bueno le es al hombre llevar el yugo desde su juventud"*, ya que si se pone el yugo desde joven en su labor y en su caminar diario, comprenderá que si no se somete al yugo, es decir; si quiere vivir la vida y realizar su labor como él se imagina o como él quiere, sufrirá dolores y se lastimará, pero si se somete al yugo tarde o temprano conocerá como caminar en la vida de la forma adecuada y sin lastimarse.

Llevemos el yugo de Jesús.

Nuestro Señor Jesús dijo:

"Venid a mí todos los que estáis trabajados y cargados, y yo os haré descansar.
Llevad mi yugo sobre vosotros, y aprended de mí,
que soy manso y humilde de corazón; y hallaréis

*descanso para vuestras almas; porque mi yugo es fácil, y
ligera mi carga."*
Mateo 11:28-30

Aquí está el yugo que debemos de llevar en nuestra vida, de la misma manera que veíamos como le ponían el yugo del buey viejo al buey joven y el joven se tenía que someter al buey viejo, de la misma manera nosotros tenemos que ponernos el yugo de Jesús, el nos guiara y nos enseñará cómo debemos de vivir, como realizar nuestra labor y como seguir en nuestro caminar con Cristo, esto nos tiene que quedar muy claro, si tenemos un caminar con Cristo es porque él va a nuestro lado y tenemos que ponernos su yugo para poder vivir junto a Él y como Él. Si no le obedecemos, es decir; si no seguimos sus mandamientos y sus ordenanzas, nos lastimaremos y sufriremos en nuestro caminar, pero vale la pena ponerse el yugo porque tarde o temprano aprenderemos como se debe de laborar y vivir bien sin lastimarse, entonces habremos aprendido a vivir como Cristo vive.

Venid a mí los cargados y trabajados que yo los haré descansar.

Imaginemos a un buey joven comenzando a hacer el arado sin el yugo del experimentado, cuando un buey hace arado significa que trae la herramienta que es necesaria para arar la tierra en su cuerpo y por donde el buey camina por ahí se va haciendo el hoyo en la tierra para plantar, tal vez en su entusiasmo comenzaría muy rápido y de la emoción se pusiera a dar vueltas y correría de aquí para allá, y cuando sintiera cansancio se pondría a descansar, solo imagina en tu mente el campo del arado lleno de zanjas por todos lados sin una estructura bien diseñada, eso no sería un campo para arar sino un campo lleno de hoyos por todas partes de tal forma que se vuelve imposible plantar, regar y cuidar de las plantas, entonces aunque el buey joven comenzó muy entusiasta al final se cansó sin alcanzar el objetivo deseado por el agricultor. Trabajó mucho pero no logro la meta para la cual fue puesto en el arado.

Hay muchas personas que buscaron agradar a Dios desde jóvenes, hicieron muchas cosas para Dios, andaban de aquí para allá predicando, orando, organizando eventos y hoy después de muchos años no se sabe nada de ellos porque llego un momento en que se cansaron de andar de aquí para allá sin lograr los objetivos deseados por el dueño de la obra que es nuestro Dios. Es por esta razón que Jesús les dice: "todos los que están trabajados y cargados vengan a mí y yo los haré descansar, mi yugo es fácil y ligera mi carga". Que precioso es el Señor, si vamos a Jesús y nos ponemos su yugo, Jesús nos enseña cómo se debe de realizar la obra y como se debe vivir adecuadamente, de tal forma que ya no andemos gastando energías sin conseguir nada, sino que todo lo que emprendamos, todo lo que realicemos, cada paso que demos, será de la forma en que Jesús lo hace y tendrás resultados excelentes. No necesitas trabajar más y mas para tener buenos resultados, lo que necesitas es hacer las cosas como Jesús y lograrás mejores resultados de los que te esperas sin tanto trabajo perdido. ¡Ven a Jesús y ponte su yugo!

Llevemos el yugo de Jesús desde la juventud.

Al decidir ponernos el yugo de Jesús desde la juventud aprenderemos a como vivir, al final de nuestros días no estaremos agotados, cargados y sin fruto, sino que estaremos llenos de vida, fuerza y mucho fruto.

Llevar el yugo de Jesús es vivir como el vivió, o regirse conforme a sus obras y ordenanzas, imitemos la vida de Jesús y la nuestra será como la de Él, tal vez al principio nos lastimemos porque queremos vivir como a nosotros se nos hace mejor y según a nuestra forma de pensar, pero esto es parte del proceso, llegará un momento donde no perseguiremos realizar algo en contra de lo ordenado por Dios porque estaremos consientes que si nos rebelamos nos dolerá. Un buen ejemplo es la honra a los padres que mencionábamos en el capitulo anterior, éste es un mandamiento que menciona Jesús y Él también lo vivió, pero al no llevarlo a la práctica sufriremos enfermedad por no ponernos el abrigo cuando mamá nos dio la orden, y cada vez que desobedezcamos nos sucederá algo que nos lastimara hasta que aprendamos que el yugo de Jesús nos rige a obedecer y honrar a nuestros padres. Después de comprender el principio de la honra a los padres no volveremos a ser lastimados por la desobediencia ya que nos estamos dejando llevar por el yugo y nuestra vida familiar se podrá llevar sin cargas, enojos, ni berrinches, sino con alegría, amor , paz y respeto. La relación familiar será más fácil y ligera solo porque llevamos puesto el yugo de Jesús. Así tiene que ser en toda nuestra vida, tenemos que buscar la palabra de Dios y obedecerla, recordemos que Jesús es la palabra y al seguir la palabra estaremos siguiendo a Jesús y su yugo estará sobre nosotros.

Qué hermoso es llevar el yugo desde la juventud, nos ahorraremos muchos dolores, tropiezos, caídas y decepciones. Vayamos a Jesús, llevemos su yugo sobre nosotros y nos irá bien.

¿Porque llevar el yugo?

Tal vez algunas personas al leer este libro digan: ¿para qué tenemos que ser ejemplo en palabra, conducta, amor, espíritu, fe y pureza, y aparte honrar a nuestros padres?, nos piden mucho. La verdad es que llevar el yugo de Jesús es fácil y su carga también es ligera, es más difícil llevar una vida a tu manera o peor a la manera del mundo, en la actualidad el infierno pone los estándares para que seas ejemplo (según principios contrarios a Dios) en el mundo y para los impíos que en el viven, para que seas bien aceptado o aceptada,   para que no te critiquen o para que todos vean que eres de lo mejor y al final de la vida terminaras cansado, vacío, triste, en el mundo y cumpliendo los principios demoniacos que te llevarán a ser un ejemplo negativo para el mundo perdido. ¿Te has puesto a pensar que la señorita que comenzó poniéndose a dieta para ser delgada y aceptada terminó en un ataúd como ejemplo de una campaña contra la bulimia? El joven o la señorita que solo por ser según ellos muy hombres o muy mujeres se acostaban y tenían relaciones sexuales con quienes se les ponía enfrente, ¿los has visto como ejemplo en un cementerio en una campaña contra el sida? Si sigues los principios que dan los demonios terminaras siendo ejemplo de lo que no se debería de hacer, pero si sigues los principios divinos serás ejemplo a los creyentes de cómo se debe vivir bien. Si no aceptas el yugo de Jesús, el infierno vendrá y te pondrá el yugo de satanás sin preguntarte y terminaras viviendo un infierno en tu vida. Solo están los principios divinos y los principios infernales, tú decides cual de los dos yugos quieres llevar.

Sin duda Dios es bueno y el tiene pensamientos de bien y no de mal para nosotros, hoy Jesús te hace la invitación para que decidas y te pongas su yugo, tu vida será buena y te irá bien, ponerse el yugo de Jesús no es a la fuerza, es para los que quieren, tú no tienes que preocuparte si vas a poder llevarlo o no, solo ve hacia Jesús y dile que desde este día quieres llevar su yugo sobre ti y el yugo de Jesús será puesto sobre ti en el mundo espiritual, el hará el resto, sino sabes cómo caminar Él te enseñará, si te equivocas no te preocupes porque tarde o temprano aprenderás a vivir como Él, solo tienes que ir a Él, él hará la obra en tu vida, y puedo decir como el apóstol Pablo dijo:

"estando persuadido de esto, que el que comenzó en vosotros la buena obra, la perfeccionará hasta el día de Jesucristo" Filipenses 1:6

Dios es bueno y si vas a Él nunca te fallará, el cumple lo que promete, es fiel, real y verdadero. "Dios empezó la buena obra en ti y será fiel hasta terminarla". Mientras más tiempo pases viviendo con el yugo de Jesús sobre ti, mayor vida tendrás y cada vez tu espíritu se elevará mas de tal forma que volaras en alturas espirituales que nunca imaginaste que podían existir. Hoy yo vivo una vida que hace tres años no imaginaba que podría vivir, me he dado algunos jalones con el yugo que me han dolido pero aprendo rápido; incluso cuando me he dado jalones con el yugo y no sé cómo dejar de dármelos, cómo cuando cometo pecado, me equivoco o tropiezo y no sé cómo salir de ello, es decir, no sé cómo dejar de lastimarme con el yugo, entonces reconozco mi falta de pericia al avanzar y me tiro al suelo, algunas veces en oración y ayuno, clamo con humildad al cielo por misericordia, pidiendo perdón y también la revelación para saber qué es lo que tengo que hacer para seguir a Jesús y dejarme de lastimar con el yugo. Aunque a veces debo pasar por lo mismo dos veces no me gusta y procuro ser obediente a la primera vez que sienta la represión del yugo, de hecho al tener comunión con Jesús y meditar en la Palabra de Dios todos los días, el Espíritu Santo me revela las cosas que tengo que realizar para vivir más como Jesús sin tener que lastimarme por querer hacer una cosa contraria a lo que Jesús realiza. La verdad es que si somos obedientes no nos lastimará el yugo y será muy fácil y ligera la carga de Jesús, el secreto está en obedecer humildemente y someternos a Jesús para que el realice su obra en nosotros.

El ponernos el yugo nos llevará a dejar de actuar terrenalmente para actuar como Jesús, es decir; como el Hijo de Dios, entonces dejaremos de vivir según el mundo y comenzaremos a vivir según el cielo, ésta es la forma en que seremos moldeados a la imagen de Jesús y entonces traigamos el cielo a la tierra. ¿Quién podrá tomar en poco nuestra juventud si estamos siendo moldeados cada momento a la imagen de Cristo?, nuestro modelo es Cristo y si hemos recibido la orden de ser ejemplo, debemos de ser como Jesús para poder experimentar el ser ejemplo a los creyentes.

Solo es cuestión de que hoy reconozcas humildemente que solo podrás vivir la vida de Jesús al poner su yugo sobre de ti y vayas a Él pidiéndole que te molde hasta ser a su imagen y vivir como él vive. Busca su Palabra y obedécela para ser guiado por Jesús. Si nunca has conocido de esta forma a Jesús o si en algún momento de tu vida dejaste el yugo a un lado te invito a que juntos oremos a nuestro Señor Jesús:

"Señor Jesús, reconozco que sin ti y sin tu palabra no puedo vivir, realizar, ni lograr la obra que tú tienes, vengo a ti pidiéndote que tu vida se haga real en mi vida, pongo tu yugo sobre mi y seguiré con el puesto todos los días que sean necesarios hasta que sea transformado a tu imagen y semejanza, ten misericordia Señor y guíame a vivir y actuar como tú, por tu gracia guíame a caminar en tus sendas y yo hago pacto de obedecer tus mandamientos, me quedo en tus manos confiando que tu terminarás la obra que has comenzado en mi vida. Tuya sea toda la gloria y honor. Amén"

Capítulo 10
Buscando la vida celestial

"Porque todo el que quiera salvar su vida, la perderá; y todo el que pierda su vida por causa de mí, la hallará."
Mateo 16:25

Hay una diferencia muy grande entre intentar salvar la vida que creemos tener y hallar la verdadera vida; este pasaje nos muestra que al querer salvar la vida que pareciera que tenemos la terminaremos perdiendo, en otras palabras: "moriremos"; pero si buscamos la verdadera vida entonces haremos todo por perder la vida que hoy parece que tenemos, digo "parece que tenemos", porque la realidad es que si no vives la vida divina y celestial de Jesús no tienes vida, Jesús es la vida y todo aquello que este fuera o sea diferente de Jesús no es vida.

Algunas personas tal vez crean que no deben permitir que la gente los tome en poco o los menosprecie y buscarán lograr esto a través de exigencias, gritos, enojos, regaños, peleas, etc., y esto solo mostrará inmadurez y dicha persona deja mucho a desear con respecto el objetivo que anhelamos alcanzar en estas páginas, lo único que puede lograr que no seamos tomados en poco es dar ejemplo de una vida consagrada al Señor, el ejemplo de la vida de Cristo en nosotros es lo único que nos traerá la compensación de los años y la experiencia que no tenemos, lo último que queremos provocar es que se produzcan ejemplos de violencia o ejemplos de gente que busca respeto y honra. Mi objetivo es que vivamos siendo ejemplo de nuestro Señor Jesús en la tierra y que alcancemos ésta maravillosa vida celestial al ser guiados por la Palabra de Dios.

Esto se logra al comprender el principio de Mateo 16:25, que lo puedo resumir en cinco palabras: "mientras más morimos más vivimos".

Debemos pedir al Señor con vehemencia que nos arranque el deseo de disfrutar los deseos de este mundo y las cosas pasajeras, depositando en nosotros el anhelo y el deseo de experimentar el cielo en la tierra. Tal vez para algunos este libro sea muy exigente y la realidad es que si buscas seguir viviendo tu vida terrenal será imposible que puedas experimentar la gloria del cielo que se te será impartida al poner en práctica los principios escritos en estas páginas, pero si comprendes que debes dejar de vivir cosas terrenales para vivir las celestiales, la revelación dada en este libro nutrirá tu ser y comenzarás a contemplar la gloria de Dios en tu vida en poco tiempo. Tomemos la decisión de dejar nuestra vida, deseos y planes, démosles muerte estando dispuestos a nunca más recordarlos o volver a ellos y dispongámonos a vivir las páginas de este libro; y no solo estas páginas, sino toda la vida y gloria que Dios tiene predestinada para nosotros desde antes de la fundación del mundo. Vivamos la vida de Cristo y no la propia, busquemos los deseos de Cristo y no los propios, esforcémonos en realizar la voluntad de Dios de igual manera y aun con más energía que como buscábamos hacer nuestra voluntad, entreguémonos a Dios y vivamos para Él.

Decididos a ser ejemplo de la vida divina.

Es el tiempo donde debemos de ponernos a recapacitar, meditar la palabra de Dios en nuestras vidas y nos determinemos a buscar a Dios genuinamente para manifestar el cielo en la tierra, no podemos permitir que satanás nos tenga tan apegados a nuestros deseos carnales sin podernos soltar de ellos para seguir las cosas espirituales, incluso no podemos permitir que nuestro pensamiento reciba golpes que nos digan que no somos necesarios en el Reino de Dios o que nos cuestione diciendo: ¿Para qué buscas a Dios? no lo intentes al cabo no vas a lograrlo, pongamos un alto a nuestros pensamiento llevándolos cautivos a la obediencia de Cristo:

*"derribando argumentos y toda altivez que se levanta contra el conocimiento de Dios, y **llevando cautivo todo pensamiento a la obediencia a Cristo**"*
2 Corintios 10:5

No permitas a tus pensamientos volar tras ideas contrarias a Jesús; no permitas que su influencia entre en ti para actuar como ellos te ordenen, tus pensamientos no dominan tu forma de actuar y de vivir, tú dominas a tus pensamientos para que se enfoquen en Jesús y vivas como Jesús.

La vida de Cristo puede manifestarse en tu vida, tú puedes expresar la gloria y la vida del cielo, sé humilde y Dios estará contigo. Busca vivir todos los días de tu vida siendo ejemplo a los creyentes y manifestando así el cielo en la tierra. Tú eres un Rey, no permitas que te devalúen o rebajen; compórtate como tal porque solo proyectarás lo que eres, no puedes proyectar lo que no eres y menos a los creyentes, a quienes Dios les ha dado discernimiento;

ellos sabrán cuando eres genuino y cuando no, pierde tu vida y comienza a vivir la vida demandada por la Palabra de Dios y todo cuánto realices prosperará. Hoy es el tiempo para comenzar una nueva vida, y qué mejor vida que la vida del cielo.

"Engrandezcamos el nombre de Dios con nuestra manera de vivir"

Conclusiones

Los principios bíblicos de los que hemos estado hablando nos proporcionan una vida ejemplar al llevarlos a cabo, es necesario que seamos modelos de vida proyectando lo celestial con el fin de engrandecer el nombre de Dios.

No podemos permitir que nuestra juventud no dé gloria a Dios, estamos conscientes que a los jóvenes nos falta experiencia, años de vida y toda la sabiduría que se obtiene a través del tiempo, pero éste faltante no debe impedir que expresemos la vida del cielo y establezcamos el Reino de Dios, por eso debemos vivir bajo los principios bíblicos que nos enseña la Palabra de Dios para compensar la inexperiencia y así proyectar lo celestial. Por supuesto, jamás descartaremos la necesidad de la experiencia, más bien quiero hacer notar la importancia de poner todo el corazón con el fin de mostrar la gloria divina en nuestro diario vivir para establecer el Reino de Dios en la tierra, no nos quedaremos con los brazos cruzados solo porque somos jóvenes e inexpertos, sino que entregaremos nuestra vida al Señor, obedeceremos sus principios para ser ejemplo a los creyentes y nuestra juventud no será tomada en poco, ya que si es tomada en poco es porque estamos proyectando una vida contraria a lo celestial que obviamente no es ejemplo para los creyentes y tampoco engrandece el nombre de Dios ni le da gloria. Expresar la vida celestial es sublime, lleva mucha responsabilidad y niveles profundos de muerte a nuestra persona, pero gloria a Dios que nos da la oportunidad y la revelación de su Palabra para manifestar su Reino en la tierra, toda revelación tiene el propósito de alumbrar los ojos de nuestro entendimiento en el conocimiento de Dios para conocer la gloria, el poder y la vida que tenemos en Cristo, permanezcamos en Cristo y en la palabra de su Poder para ser transformados a su imagen y vivir la gloriosa vida que ha sido ganada para nosotros a precio muy alto, de hecho a precio invaluable.

El reino de Dios es un reino de luz y mientras más perdamos nuestra vida por ganar la vida celestial, literalmente en la dimensión espiritual estaremos proyectando luz divina, es decir; estaremos proyectando el Reino de luz a donde quiera que vayamos y el espíritu de toda persona con la que nos encontremos recibirá la luz del Reino que proyectamos y seremos ejemplo palpable de la vida que Dios da, mientras más luz sea la que se manifieste mayor será el numero de personas alumbradas, y mayor será el ejemplo e impacto de la vida celestial.

Mi deseo es que el Reino de los cielos sea establecido en la tierra, y creo firmemente que la juventud tiene mucho que dar y aportar al Reino, por eso he escrito este libro el cual tiene el propósito de llevarte a experimentar y proyectar la vida celestial que está en tu interior.

"Señor Jesús, tú vives en el interior de cada creyente y te pido que lleves a nuestros hermanos a expresar tu vida en la tierra, llévalos a niveles de gloria inimaginables donde el Reino de los cielos se establezca en la tierra y en donde solo el nombre de nuestro Dios sea engrandecido, la obra ya la has comenzado y confío en que tú eres fiel hasta terminarla en la vida de mis hermanos. Tuya toda la gloria y toda la honra. Amén"

Made in the USA
Columbia, SC
19 November 2024

47024635R00067